Comment s'appelle ce faucon ?
p. 36

À tous ceux qui aiment les animaux, tout simplement...

Remerciements
Les auteurs remercient toute l'équipe ayant participé à ce livre, en particulier Aymeric Jeanson.

Éditions Milan
1, rond-point du Général-Eisenhower, 31101 Toulouse Cedex 9 – France.

Loi 49-956 du 16 juillet 1949 sur les publications destinées à la jeunesse.
ISBN : 978-2-7459-6771-8

Coordination éditoriale : Delphine Boudou
Création graphique de l'intérieur : Bruno Douin
Création graphique de la couverture : Jean-François Saada
Mise en pages : Georges Rivière
Relecture et correction : Auriane Vigny, Karine Forest et Alexandra Dirand
Photogravure : MPP

Dépôt légal : 2e trimestre 2017
Imprimé en Roumanie par Canale

COPAIN des ANIMAUX

Stéphane Frattini et Stéphanie Ledu

Illustrations de Loïc Méhée
et Corine Delétraz

MILAN

9 Une histoire commune

31 Observer les animaux

51 Dans la peau des animaux

63 Les animaux et la science

81 Accueillir des animaux

Sommaire

Bonne découverte !

Pendant plus de 30 siècles, le cheval est resté le principal moyen de transport. Dans les steppes d'Asie, où est née l'équitation, le lien avec l'animal est toujours très fort !

Une histoire

Dès l'origine, c'est l'animal qui a fourni à l'homme de quoi se nourrir ou se vêtir. Puis au fil du temps, le destin de nombreuses espèces animales s'est retrouvé mêlé à celui des civilisations humaines, pour le meilleur ou pour le pire...

commune

Premières rencontres

On imagine toujours l'homme préhistorique dans le rôle du chasseur. Mais nos lointains ancêtres étaient aussi des proies faciles, face aux grands prédateurs parfaitement adaptés !

De l'animal à l'homme

Les grands singes, et en particulier les chimpanzés, sont nos plus proches « cousins ». Notre ancêtre commun est un primate herbivore qui vivait dans les arbres il y a 8 millions d'années. Apparurent ensuite les australopithèques comme Lucy (4 millions d'années), puis *Homo habilis* et ses outils (2 millions d'années), suivi d'*Homo erectus* qui domestiqua le feu il y a 400 000 ans. Mais l'évolution ne s'est pas faite en ligne droite : il y a 100 000 ans, au moins 5 espèces humaines différentes coexistaient sur Terre !

La force de l'arme

Les premiers hominidés n'avaient que leurs poings pour chasser ou se défendre. Un australopithèque qui se retrouvait face à un tigre à dents de sabre affamé avait peu de chances de survivre... Puis, peu à peu, grâce à son intelligence et son habileté, l'homme est devenu le meilleur des chasseurs. En plus de la pierre et du bois, il s'est servi des matières dures des animaux pour fabriquer ses armes et ses outils : poinçons en corne, objets tranchants en os taillé ou en ivoire, etc.

Bien avant d'être monté ou attelé, le cheval a été une des principales proies de l'homme préhistorique.

Le culte de l'ours

Dans la grotte de Montespan (Haute-Garonne), on a découvert une grande statue en argile d'ours sans tête, percée de coups de sagaie, avec à sa base un véritable crâne d'ours. On pense qu'il y a 22 000 ans se déroulait ici un culte dédié à l'animal.

Lions, rhinocéros, mammouths, bisons, chevaux... Ce sont plus de 400 animaux qui sont représentés dans la grotte Chauvet !

L'image de l'animal

Les plus anciennes peintures rupestres connues sont celles de la grotte Chauvet à Vallon-Pont-d'Arc (Ardèche). Elles furent réalisées il y a 32 000 ans par *Homo sapiens*, notre ancêtre direct. Leurs sujets ? Des animaux ! Ces images cachées au fond de grottes non habitées étaient sans doute destinées à un usage rituel. Mais de grotte en grotte, au fil des millénaires, ces fresques forment aussi les premiers « livres » de zoologie et de chasse. Elles montrent souvent comment piéger un animal, le harponner, lancer un javelot...

Fabrique un propulseur

Cet outil, connu depuis environ 30 000 ans, permet de prolonger le bras pour démultiplier la force. Une invention majeure !

- **1 branche droite d'arbuste**
- **1 couteau (à utiliser avec un adulte)**

1. Dans l'arbuste (si possible un noisetier), coupe une branche droite de 30 à 40 cm de long et de 2 à 3 cm de diamètre : le manche.

2. Perce un trou à une extrémité, et enfonces-y solidement un petit morceau de bois de 3 cm de long formant un angle fermé : le crochet.

3. Taille une flèche de même longueur que le manche mais plus fine, en creusant l'extrémité arrière pour qu'elle soit calée par le crochet.

4. Tiens ensemble le propulseur et la flèche, puis donne un mouvement sec du poignet, en lâchant la flèche au dernier moment : elle est propulsée loin !

L'animal domestiqué

Durant des centaines de milliers d'années, les animaux et les hommes étaient « à égalité » dans le monde sauvage. Avec la domestication, tout bascule : les uns sont désormais au service des autres !

Quand on roule sur de l'argile ce sceau cylindrique de Mésopotamie (2 500 ans avant J.-C.), apparaît un héros nu qui maîtrise 2 lions. Un peu exagéré quand même !

Du loup au chien

Le loup fut le premier animal domestiqué, il y a au moins 17 000 ans et sans doute bien plus. Au départ, des hommes amènent au campement des louveteaux orphelins ou séparés de leur mère. Au contact de l'homme, génération après génération, l'animal devient domestique et donne naissance au chien. Plus tard, les hommes développeront par sélection des races de plus en plus différenciées : chiens de chasse, de course, de compagnie...

Premiers enclos

Il y a environ 11 000 ans, à la période du néolithique, certains peuples abandonnent la vie nomade. Ils apprennent à bâtir des maisons, à cultiver la terre... et à élever des animaux. Les premiers troupeaux, au Moyen-Orient, sont composés de moutons et de chèvres. Puis viennent le bœuf et le zébu en Inde, le porc et le buffle en Chine, le lama au Pérou, le yak au Tibet, ou encore le chat, l'abeille, la poule, le ver à soie, le pigeon... Tous ces animaux agrémentaient déjà la vie des hommes il y a 5 000 ans.

Du totem au dieu

Tous les peuples ont dessiné ou sculpté des totems à l'effigie d'animaux, investis parfois de pouvoirs magiques. Mais il y a environ 6 000 ans, dans les grandes cités prospères qui s'élèvent entre l'Indus et le Nil, apparaît une nouvelle façon de considérer l'animal. Sur les pierres sont gravées des figures de taureaux, de béliers, d'antilopes ou de lions. Ces espèces sont désormais élevées aux rangs de divinités, et dotées symboliquement d'attributs et de comportements humains.

Vers 710 avant J.-C., en Mésopotamie, le roi Sargon fait sculpter ces taureaux ailés à 5 pattes, pour garder les portes de son palais.

Avec un âne, on passe partout ! L'animal fut domestiqué il y a environ 5 000 ans, à partir d'une souche sauvage qui vit toujours au Soudan.

Renne à tout faire

Chassé depuis plus de 100 000 ans, le renne a fourni aux hommes viande, fourrure, cuir, aiguilles, outils et armes taillés dans les os, fils fabriqués avec les tendons et même objets de parure avec les bois... L'animal a été domestiqué il y a 3 000 ans, et il est élevé en troupeaux vivant en semi-liberté.

Sur son dos

Le cheval fut domestiqué il y a au moins 5 500 ans par les peuples des steppes d'Asie centrale. Longtemps, il est utilisé attelé, comme les bovins, avant d'être monté il y a environ 3 500 ans. Pendant des siècles, les peuples cavaliers sont les rois, face aux soldats à pied des armées ennemies ! À peu près à la même époque, en Arabie, le dromadaire aux longues jambes souples, capable de porter 400 kg, devient la principale richesse des nomades du désert.

Folies égyptiennes

Leurs dieux avaient des têtes de chacal ou de crocodile. Ils furent les premiers à inviter le chat ou le singe dans leurs maisons… Aucune autre civilisation ne porta si haut le culte de l'animal !

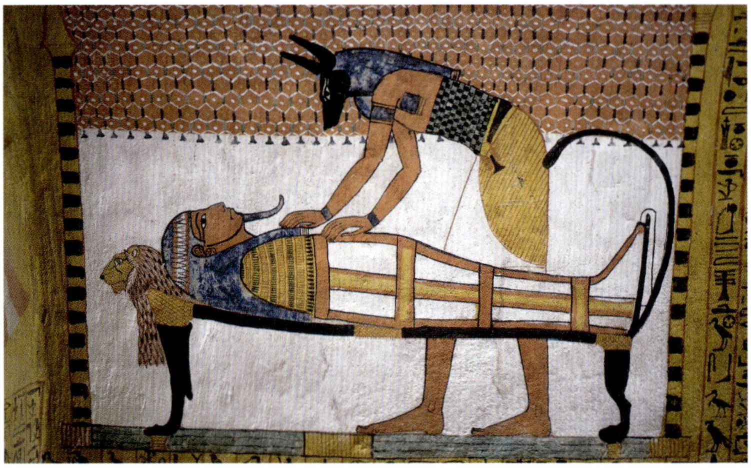

Anubis, le dieu à tête de chacal, accompagne les morts dans l'autre monde et protège les tombes.

Autour du Nil

Dès l'époque prédynastique, 4 000 ans avant J.-C., les premiers rois arborent des emblèmes animaliers : coquillage, éléphant, taureau, scorpion… 1 000 ans plus tard, dans les tombes des premiers pharaons, on trouve de nombreuses céramiques figurant quelques animaux de la savane, mais surtout la faune vivant dans le Nil, fleuve sacré, et sur ses rives fertiles : poissons, hippopotames, crocodiles ou oiseaux des marais…

Dieux vivants

Certaines divinités sont « incarnées » par un animal vivant. C'est le cas d'Apis, dieu-taureau, symbole de force et de fertilité. Dans la ville de Memphis, un temple abrite en permanence un animal choisi pour ses caractéristiques physiques précises : pelage noir, triangle blanc sur le front, etc. Toute son existence, ce taureau est vénéré par des milliers de fidèles. À sa mort, l'Égypte respecte 70 jours de deuil, pendant lequel on embaume l'animal tout en cherchant son successeur, un veau de 1 an qui doit lui ressembler en tous points…

Horus, le dieu-faucon, est une des divinités les plus anciennes de l'Égypte. Son œil droit est le soleil, et son œil gauche la lune.

Les Égyptiens prient Sobek, le dieu-crocodile des eaux, pour qu'il favorise les crues du Nil.

Une mer de momies

Aux temps des dernières dynasties, à partir de 700 avant J.-C., l'idolâtrie des animaux engendre certains excès. Dans la ville de Tell Basta, on vénère Bastet, la déesse-chatte. Lors de fêtes en son honneur, des dizaines de milliers de fidèles, souvent ivres, imitent ses miaulements ! Autour du temple, des marchands vendent des momies « prêtes à offrir aux dieux », faites avec des chats élevés spécialement pour le sacrifice. La demande est telle qu'il y a parfois, à l'intérieur des bandelettes, un chaton ou même une simple patte, à la place du chat promis !

Un vrai zoo !

Au fil des dynasties, le nombre des animaux sacrés augmente. Certains sont exotiques, comme le singe venu d'Éthiopie qui prête ses traits à Thot, le dieu lunaire. D'autres doivent leur promotion à une particularité physique, comme le héron cendré, dont l'aigrette sur la tête symbolise les rayons du Soleil. Même la grenouille a droit à un culte, en tant que divinité des accouchements ! Curieusement, d'autres comme l'éléphant, la chouette ou la girafe ne seront jamais divinisés...

Excellents éleveurs

Les paysans égyptiens vivaient au contact d'une douzaine d'espèces d'animaux domestiques : bœuf, chèvre, porc, chien... Ils amélioraient les races en croisant les plus beaux individus et castraient certains mâles pour les engraisser. Ils savaient déjà gaver oies et canards pour produire du foie gras.

Momie, mode d'emploi

On a découvert en Égypte de nombreuses nécropoles destinées aux animaux : chats, ibis, singes... et même crocodiles ! D'après des traductions de hiéroglyphes, on connaît la méthode utilisée par les embaumeurs. Ils vidaient le corps de ses organes (cerveau, cœur, intestins...), puis les remplissaient avec des aromates broyés. La momie était ensuite recouverte pendant 70 jours de natron, un sel minéral, avant d'être rincée. L'embaumeur l'enveloppait alors de bandelettes de coton fin, bien serrées. La momie était enfin placée dans un sarcophage de bois sculpté, pour l'éternité. Ou presque, car au XIXe siècle, les Anglais ont broyé des millions de momies de chats pour en faire... de l'engrais pour leurs pelouses !

L'animal antique

Chaque peuple de l'Antiquité entretient une relation particulière aux animaux, dont la place est toujours importante. Par le commerce et parfois par la guerre, les animaux familiers des uns deviennent aussi ceux des autres...

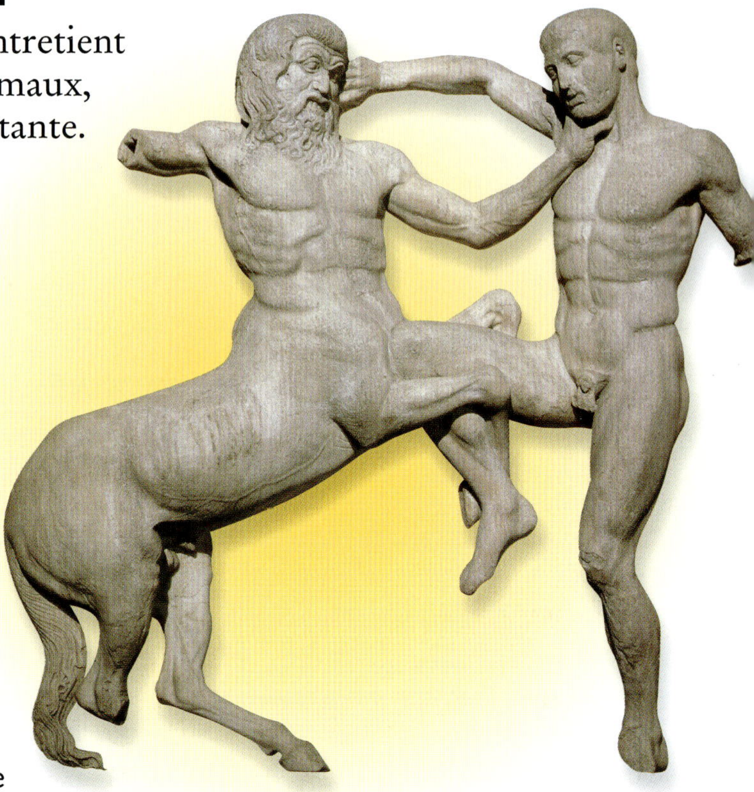

La mythologie grecque était un fantastique zoo où se mêlaient héros, dieux et animaux, avec de nombreux « monstres » comme les centaures ou les sirènes.

La curiosité grecque

Les premiers peuples grecs ont une vision pratique de l'animal. Les espèces domestiques leur sont utiles et ils en prennent soin, mais on ne trouve nulle trace chez eux d'idolâtrie comme chez les Égyptiens. Puis, peu à peu, poètes et philosophes commencent à s'intéresser à la nature. Le poète Anacréon consacre une ode à la cigale, Homère célèbre dans l'*Odyssée* la fidélité du chien d'Ulysse. Le philosophe Aristote rédige vers 340 avant J.-C. les premières observations naturalistes, et entreprend d'établir un classement des êtres vivants.

Cornes sacrées

Venu du fond des âges, des Assyriens, des Hittites, des Cananéens, le culte du taureau se transmet à travers le monde méditerranéen. En Crète, on croit que sa force et sa fertilité sont concentrées dans ses cornes, dont on vénère l'effigie.

Selon la légende, une louve recueillit et allaita Remus et Romulus, 2 frères jetés dans le fleuve Tibre par un roi jaloux. Plus tard, ils fondèrent une ville à cet endroit et l'appelèrent Rome !

Le spectacle romain

De leurs conquêtes, les Romains rapportent le goût des animaux exotiques. L'éléphant incarne la puissance des empereurs, le guépard devient leur animal familier. Ours, taureaux, lions ou même crocodiles : durant des siècles, des combats terribles font vibrer les arènes. Le bœuf, en revanche, est surprotégé : quiconque en tue un risque la mort. Comme les Grecs, les Romains raffolent aussi des oiseaux. Mainates, pies et perroquets sont dressés à siffler ou à parler. En revanche, on se méfie du chien. Et pour chasser les souris ? On élève une fouine !

On trouve l'effigie du sanglier sur les « carnyx », les trompes de guerre gauloises. Leur son puissant était destiné à terrifier l'ennemi et ses chevaux pendant l'attaque.

La familiarité gauloise

Les peuples celtes qui se fixent en Gaule vers 500 ans avant J.-C. vivaient jusque-là en nomades. Ils en gardent la passion du cheval, utilisé pour la guerre ou comme bête de somme. On mange aussi sa viande, comme celle des vaches, porcs et moutons, de petites races rustiques. Mais dans la culture gauloise, un sauvage joue le premier rôle : le sanglier, ou « torcos ». Animal sacré surgi de la préhistoire, il représente l'intelligence et la ruse. Au quotidien, on apprécie les animaux familiers : le coq qui chasse les ténèbres, le chien fidèle...

L'animal médiéval

L'homme du Moyen Âge n'est pas toujours très curieux ni tendre avec les animaux. Il y a ceux qui lui sont utiles, et puis les autres, dont il se méfie plutôt !

Au XIIe siècle apparaît un recueil de récits animaliers, le *Roman de Renart*. Plein de malice et de morale, il décrit des animaux agissant comme des humains.

Superstitions

Au Moyen Âge, on connaît assez peu l'animal. Le peuple crédule raconte que le sanglier s'aiguise les dents, que la vipère se frotte les yeux avec du fenouil... Mais la grande terreur, c'est le loup, qui rôde en hiver près des villes. On dit qu'il est venimeux car il mange des crapauds, qu'il hurle en mettant sa patte devant sa gueule pour amplifier le son. Mais on croit aux talismans : par exemple, porter sur soi du fiel de couleuvre protègerait des autres reptiles, y compris... des crocodiles !

L'animal utile

La ferme médiévale abrite peu de gros animaux, coûteux à entretenir. La force d'un bœuf pour tirer la charrue ou celle d'un cheval pour la herse est d'autant plus appréciée. Souvent, on n'a qu'un âne pour transporter récoltes ou fagots. Les cochons, eux, errent dans les villes à la recherche de déchets. Partout, on apprécie le chien, si possible grand et menaçant pour mieux garder la maison. En revanche, on se méfie du chat. Dommage ! En tuant des rats, il aurait peut-être limité les épidémies de peste.

La licorne est un animal fabuleux. Elle n'a jamais existé, et pourtant, pendant des siècles, on a vendu sa corne en poudre pour soigner tous les maux.

Procès d'animaux

En 1226, un porc est condamné à mort et brûlé vif à Fontenay-aux-Roses pour avoir dévoré un enfant. C'est le premier procès connu d'animal, qui sera suivi par des milliers d'autres ! Mais les bêtes ont aussi des droits. En 1371, le chien de Montargis est opposé en combat singulier à l'assassin supposé de son maître. Le chien l'emporte, l'homme est pendu ! L'Église, elle, excommunie les rats, les mouches ou les sauterelles pour lutter contre les invasions.

Chacun son cheval

Comme au temps des Gaulois, le cheval reste l'animal noble. On distingue plusieurs catégories. Le palefroi est le plus beau, c'est le cheval de parade du roi et des grands seigneurs. Les dames, elles, montent de belles juments appelées « haquenées ». Il y a aussi le destrier, lourd cheval de bataille, dont une catégorie plus fine s'appelle le misaudor. Puis viennent le sommier qui transporte les fardeaux et le roussin qui sert de cheval de trait pour les « vilains », les paysans.

Redécouvertes

Entre 1095 et 1291, 9 croisades sont organisées vers l'Orient. Elles sont l'occasion de rapporter de nouveaux animaux en Europe. Par exemple, on n'avait plus vu d'éléphants depuis Charlemagne (vers l'an 800), quand Saint Louis en ramène un en 1254. Et les croisés ont appris à élever des oiseaux, dont les pigeons voyageurs. Plus apprécié encore des personnages puissants, le lévrier gris, qui s'arrache à prix d'or et fait merveille dans les chasses à cour. Les seigneurs pratiquent aussi la chasse au faucon ou au gerfaut, tandis que les moins nobles se contentent d'éperviers.

Gaston Phébus (1331-1391), comte de Foix, rédige un fameux livre de chasse très illustré qui présente les animaux de l'époque.

En Inde, la vache traîne la charrue, tire les voitures, fournit le lait ou les bouses combustibles, mais elle a un droit : celui de mourir de vieillesse !

Bestiaire de l'Orient

Les animaux occupent une place centrale dans les grandes civilisations asiatiques du passé. Ici, la mentalité est différente de celle de l'Occident. On fait aussi travailler l'animal, mais on lui accorde plus d'attention et de respect.

Le pouvoir des fauves

L'Asie ancienne est le territoire des grands fauves. Tigres, lions et léopards rôdent autour des hommes, et parfois les tuent. Pourtant, on ne les déteste pas ! Les peuples d'Asie considèrent le félin comme un dieu vengeur, qu'il faut craindre mais pas tuer. En Asie, seuls les puissants chassent le gros gibier. Marco Polo, vers 1290, décrit les chasses de l'empereur mongol Kubilai Khan, avec ses léopards et ses lions dressés, montés sur le dos de chevaux, et qu'il envoie d'un geste pourchasser cerfs ou antilopes.

Animaux d'ornement

Le marchand d'oiseaux, avec sa cage de bambou suspendue à une longue perche posée sur l'épaule, est un personnage familier des rues de la Chine et du Japon anciens. On apprécie aussi les insectes chanteurs : grillons, sauterelles et criquets, qu'on élève dans de petites cages parfois accrochées aux vêtements. Et dans les parcs bien entretenus, on vient admirer et nourrir les paons, les canards, les singes, les carpes, etc. Les empereurs vénèrent, eux, leurs chiens pékinois, traités au palais à l'égal des personnages importants.

Le mystère du dragon

D'où vient cette figure effrayante ? Certainement pas des dinosaures, disparus depuis plus de 60 millions d'années avant l'homme. Mi-lion, mi-crocodile ou serpent, souvent avec des ailes, on rencontre cette figure surtout en Asie, et aussi en Occident, comme la Tarasque de Tarascon.

Qin Shi Huangdi, premier empereur de Chine, fut inhumé en 221 avant J.-C. avec une « armée » de 8 000 soldats et 600 chevaux de terre cuite, grandeur nature !

L'animal protégé

Les religions hindoue et bouddhiste portent une grande attention à la condition de l'animal. Il fait partie des cycles de réincarnation et sa vie doit être respectée. En plus des nombreux animaux domestiques, on soigne aussi oiseaux, serpents et même insectes. Pour un bouddhiste, rendre la liberté à un animal acheté est un beau gage de charité. En Inde, les moines jaïna vont plus loin : ils balaient devant eux en marchant et portent un masque de coton sur la bouche pour n'écraser ni avaler aucune petite bête.

Le seigneur éléphant

Vers 2 000 ans avant J.-C., l'éléphant est domestiqué dans la vallée de l'Indus. De là, il se répand jusqu'en Perse et en Chine. Irremplaçable dans les terrains très boisés ou accidentés, le pachyderme peut porter jusqu'à 300 kg sur son dos et tirer des troncs d'arbres de plusieurs tonnes. Pendant des siècles, il est aussi utilisé comme « char d'assaut », protégé par des cuirasses de métal, portant des combattants ou même plus tard des canons.

Bestiaire des Amériques

Les civilisations des Amériques donnaient une large place aux totems dans leur religion. Mais au quotidien, la relation à l'animal était limitée à quelques espèces bien précises.

Deux grands symboles

Il y a 3 000 ans, une des plus anciennes civilisations d'Amérique du Sud, celle de Chavin, a déjà choisi le jaguar pour dieu. Ailleurs, les Olmèques vénèrent l'homme-jaguar, puis les Mayas lui édifient des temples somptueux. Le félin a marqué la culture de tout un continent. Son seul rival ? Le serpent, présent lui aussi chez de nombreux peuples. Il incarne celui qui souffla à l'homme l'esprit et la civilisation et on le vénère sous la forme de Quetzalcóatl, un gigantesque serpent à plumes.

Quetzalcóatl est un dieu destructeur. Pour les peuples mésoaméricains, qui croient que l'univers est composé de cycles, le dieu-serpent a déjà anéanti 4 fois le monde !

Les lamas des Incas

Le long de la cordillère des Andes s'étend l'Empire inca. Ici, les seuls animaux domestiques sont le lama et l'alpaga, 2 petits camélidés (cousins du chameau) adaptés à l'altitude. Animaux tranquilles, ils sont appréciés pour leur viande, leur laine et leur cuir. Le plus grand, le lama, peut porter 40 kg sur son dos. Les Incas ont coutume de sacrifier chaque année aux dieux des milliers d'animaux et souvent aussi, des êtres humains. Mais quand il s'agit d'un lama, on en choisit un vieux.

La fin d'un monde

Au XVe siècle, les conquistadors espagnols, montés sur une créature inouïe, le cheval, sont d'abord pris pour des dieux ! De leurs navires débarquent aussi moutons, volailles, porcs... Pour les Européens, la conquête de l'Amérique sera rapide car la majorité des Amérindiens, confrontés aux virus étrangers comme la grippe, meurent de maladie. Si leur résistance était faible, c'est en partie parce qu'ils n'avaient pas l'habitude de vivre au contact d'animaux domestiques.

Une vie de chien

Les Aztèques et les Mayas sont des peuples d'agriculteurs, qui cultivent maïs, courge ou haricot. Un peu de pêche et de chasse complètent le menu, mais il y a peu d'animaux domestiques. Quelques dindes et dindons, des ruches pour le miel, et surtout des chiens. Il existe de grands marchés où l'on vient acheter un chien comme animal de garde, à moins que ce ne soit pour le sacrifier ou le manger... Et les plus méprisés ? Ce sont les singes, considérés comme sournois et vulgaires.

Les plumes d'oiseaux jouent un grand rôle lors des cérémonies religieuses et des rituels de guérison amérindiens. Cette jeune fille hopi est parée pour une danse traditionnelle.

Les chevaux des Indiens

Comme en Amérique du Sud, les Indiens des plaines du Nord ne possèdent que des chiens et des dindons. Mais à partir des années 1630, des chevaux amenés d'Espagne s'échappent et retournent à l'état sauvage, en créant peu à peu une race robuste, le mustang. Les Indiens des plaines le capturent et le domestiquent à leur tour. Une révolution pour ces nomades habitués aux longs parcours monotones ! Devenus cavaliers, ils sont les seigneurs de la plaine.

Dans la littérature, l'animal devient plus proche de l'homme, tel le Chat botté de Charles Perrault (1628-1703), rusé, menteur et terriblement sympathique !

L'animal célébré

À partir de la Renaissance, au XIVe siècle, l'animal revient au centre de la scène en Europe. Il figure sur les œuvres d'art, embellit la vie quotidienne et symbolise la nature dominée par l'homme !

Le chien en majesté

Griffons, épagneuls, barbets… En Europe, chaque souverain ou chaque noble important possède son chenil, qui lui sert surtout à la chasse. Le développement des races fait l'objet de beaucoup d'attention, de même que les chiens d'agrément, devenus très à la mode. En Angleterre, la reine Marie Stuart fait habiller somptueusement ses bichons ou ses lévriers. En France, le roi Henri III aime parfois se promener avec un petit chien dans un panier accroché à son cou.

L'animal spectacle

Les navigateurs ramènent du monde entier des animaux qui font sensation : perroquets, tatous, crocodiles, singes… À l'inauguration du château de Versailles, Louis XIV donne un fabuleux spectacle avec (entre autres !) un éléphant et un dromadaire, tandis que dans les bassins nagent des cygnes venus du Danemark. Pour plaire aux Parisiens, le roi en fait aussi mettre quelques-uns sur la Seine, tandis que sur les boulevards, on vient voir des montreurs d'ours et de singes.

Christophe Huet peint au XVIIIe siècle des « singeries », devenues depuis fameuses, où l'on voit par exemple un singe maître d'école fouettant un chat !

Armures, blasons, proues de navires, façades de maisons... L'emblème animalier est partout, pour sa beauté, sa force ou ses qualités présumées.

Soie et fourrure

En Europe, on raffole aussi des richesses produites par le monde animal. Ainsi, le ver à soie, importé de Chine, est élevé par millions, pour fournir les fabriques royales françaises. Au Nouveau Monde (l'actuel continent américain), on produit une quantité astronomique de fourrures de castor, qui complètent les parures d'hermine, de zibeline ou de renard bleu, animal qu'on pourchasse jusqu'au fin fond des steppes d'Europe.

Trésors de la mer

La mer demeure encore un monde totalement inconnu. On croit alors aux histoires les plus folles, comme celles des serpents de mer capables de s'enrouler autour d'un navire. On pense aussi que le stock de poisson est infini et nourrira éternellement l'humanité ! Mais le bien le plus précieux est constitué par les perles venues d'orient. Marie de Médicis, reine de France, possède une robe garnie de 32 000 perles fines !

Caractères animaux

Jean de La Fontaine (1621-1695) est resté célèbre pour ses fables animalières, souvent inspirées de celles d'Ésope, écrites 6 siècles avant J.-C. Dans ces histoires amusantes, les animaux se voient attribuer des traits restés familiers : vaniteux comme un paon, rusé comme un renard, orgueilleux comme un lion...

L'animal exploité

Grâce à leur force ou à leur intelligence, les animaux nous ont toujours facilité l'existence. Le problème, c'est que l'homme moderne se croit tout permis, jusqu'à se comporter en esclavagiste ou en meurtrier.

Au début du XXe siècle, on pêchait jusqu'à 50 000 baleines par an. De nombreuses espèces ont failli disparaître.

Messagers du ciel

Connu dès l'Antiquité, le pigeon voyageur peut parcourir 800 km par jour ! Au XVIIe siècle, les marins approchant du port d'Anvers annoncent leur cargaison par pigeon... qui est déjà vendue à leur arrivée. À partir du XIXe siècle, l'élevage devient intensif, et même après 1900, le pigeon résiste encore à la concurrence du téléphone ou de la radio. Entre 1940 et 1944, plus de 20 000 pigeons anglais furent parachutés en France, pour permettre d'envoyer des messages à Londres.

Soldats malgré eux

Pour faire la guerre, l'homme a inventé de nombreuses façons de transformer les animaux en soldats, ou carrément en armes ! Chiens, chats et renards ont été employés à brûler des villages ou des récoltes, un chiffon imbibé de matière inflammable attaché à la queue. Et pendant la Seconde Guerre mondiale, des chiens chargés de bombes actionnées à distance étaient entraînés à aller se réfugier sous les tanks ennemis.

Amis des bêtes

En France, le général Grammont, cofondateur en 1845 de la Société protectrice des animaux (SPA), fait voter une loi punissant d'amende celui qui aura maltraité un animal domestique. D'autres députés se moquent de lui, accueillant ses discours par des « ouaf-ouaf » et des « coin-coin » moqueurs.

Monstrueux massacres

Au XIXe siècle, le développement industriel est une catastrophe pour de nombreuses espèces sauvages. L'homme pille la faune pour en exploiter viande, fourrure, huile ou peau... Sur les mers, les baleiniers à vapeur utilisent comme carburant de la graisse obtenue en « pressant » des phoques. Aux États-Unis, le bison des plaines attaque les premiers trains, signant ainsi sa perte : en moins d'un siècle, sa population passe de près de 60 millions à quelques milliers d'individus.

En Afrique comme en Asie, les peuples colonisés doivent fournir leurs richesses animales pour satisfaire les Occidentaux.

Des chevaux sous la terre

Durant des millénaires, le cheval est resté le principal moyen de transport. L'invention de la machine à vapeur, au début du XIXe siècle, ne soulage pas son sort, bien au contraire ! Car les machines ont besoin de charbon, et par dizaines de milliers, chevaux et poneys sont descendus au fond des mines pour tirer les wagonnets. Certains y restaient plus de 15 ans, sans jamais voir le jour ! En France, le dernier cheval minier a été remonté en 1969.

Vers 1900, on compte à Paris plus de 80 000 chevaux, dont 11 000 sont destinés à tirer les omnibus.

Ils ont fait l'Histoire

Curiosité, terreur ou amusement, ces animaux ont déclenché des passions. Mais c'est l'homme qui a construit leur légende !

Fou de son cheval

Incitatus était le cheval favori de Caligula (12-41 après J.-C.), troisième empereur romain, réputé pour sa cruauté. D'après le chroniqueur Suétone, l'animal porte un collier de pierres précieuses et vit dans une écurie de marbre, avec une mangeoire en ivoire. Et 18 serviteurs sont chargés de veiller sur lui, le nourrissant d'avoine mêlée à des paillettes d'or ! Caligula nomma même son cheval sénateur pour humilier les autres membres de l'Assemblée ! L'empereur fut assassiné par les soldats de sa garde à l'âge de 29 ans, et l'Histoire ne dit pas ce que devint Incitatus...

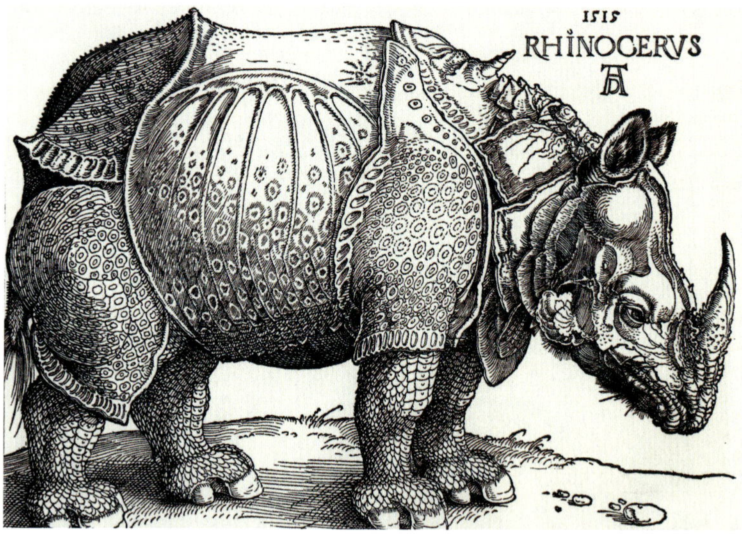

Cette gravure de Dürer est considérée comme la plus célèbre image animalière de tous les temps !

Paul le Poulpe

Paul le Poulpe, une pieuvre mâle d'un aquarium allemand, fut très célèbre pendant la Coupe du monde de football 2010. On lui demandait de choisir entre 2 boîtes portant chacune un drapeau et contenant une moule, sa friandise préférée. Sur 14 « prédictions », il a ouvert 12 fois la boîte portant le drapeau du futur vainqueur de la rencontre !

Le rhinocéros de Dürer

Ramené d'Inde en 1515, un rhinocéros arrive à Lisbonne. On n'en avait plus vu en Occident depuis l'époque romaine. Savants et curieux viennent examiner la bête. Un dessin parvient en Allemagne et inspire le peintre Albert Dürer (1471-1528) qui réalise aussitôt une gravure. Même si elle comporte quelques erreurs (dont une dent sur le dos), elle servit de référence pendant plus de 3 siècles. Le rhinocéros, lui, fut réembarqué pour Rome afin d'être offert au pape, mais hélas, le navire fit naufrage et l'animal enchaîné se noya.

La girafe Zarafa

En octobre 1826 débarque à Marseille Zarafa, une girafe venue d'Alexandrie, offerte par l'Égypte au roi de France Charles X. L'animal fait sensation. Au printemps, on organise un convoi pour la ramener à pied jusqu'à la capitale, où elle arrive le 30 juin 1827. Pendant quelques saisons, elle devient l'une des principales attractions de la capitale. Les femmes se coiffent même « à la girafe » ! Une fois la mode passée, Zarafa retombe dans un certain oubli, et finit paisiblement sa vie 20 ans plus tard.

Le corps de Zarafa fut empaillé. Aujourd'hui, il est exposé au muséum de La Rochelle.

La bête du Gévaudan

L'été 1764 en Lozère, une bête mystérieuse attaque et tue plusieurs personnes. En décembre, on compte déjà plus de 10 victimes. L'affaire attise les rumeurs : est-ce un loup-garou ? Un homme déguisé en animal ? L'année suivante, les attaques redoublent, et l'Europe tout entière parle désormais de « la bête ». Les troupes du roi finissent par abattre un loup de grande taille. Mais les attaques continuent... Enfin, en 1767, un autre loup est abattu par un homme du pays, et à partir de là, plus aucun cas n'est signalé. Pourtant, bien des mystères demeurent sur cette affaire...

Selon les sources, la bête du Gévaudan aurait tué de 88 à 124 personnes en 3 ans.

Connais-tu vraiment bien les pigeons et les moineaux que tu vois chaque jour ?

Observer les

Dans tous les milieux, y compris en ville, il est assez facile d'approcher des animaux. Tu trouveras ici plein d'astuces pour les pister, reconnaître les espèces les plus courantes, et les espionner... sans les déranger !

animaux

Le parfait naturaliste

Tu t'es parfumé, tu portes un manteau blanc et tu te balades en chantant à tue-tête ? Alors, lis bien les conseils qui suivent, car tu n'as pour l'instant aucune chance d'apercevoir des animaux.

Pour la plupart des animaux sauvages, tu ressembles à un géant. De quoi faire peur !

D'où vient le vent ?

Voici la méthode la plus simple pour savoir d'où souffle le vent : jette en l'air quelques herbes (c'est encore mieux si elles sont sèches), et repère dans quelle direction elles s'envolent. Pour marcher face à lui, pars dans le sens opposé.

Presque inodore

Ça sent l'homme ? Sauve qui peut ! De nombreux mammifères perçoivent ton odeur à des centaines de mètres. Il est impossible de la supprimer totalement, mais tu peux adopter ces quelques trucs : ne te parfume pas et lave-toi, ainsi que tes vêtements de camouflage, avec un savon neutre. Et surtout, n'oublie pas l'essentiel : tu dois toujours avancer face au vent, pour qu'il n'annonce pas ton arrivée.

Presque invisible

Les animaux sont méfiants. Pour les observer sans les faire fuir, tu dois donc te fondre dans le paysage. Premier impératif : ne pas porter de vêtements de couleurs claires ou trop vives. Choisis plutôt une tenue dans les tons kakis ou bruns, rappelant la végétation. Et pour ne pas faire trop de bruit en marchant, enfile une paire de chaussures souples, genre mocassins d'Indien.

Tiens ton carnet d'observation

Garde la trace de tes rencontres et de tes trouvailles.

- **1 cahier à spirales**
- **1 crayon à papier**

1. L'idéal : porter une veste multipoche pour avoir toujours ton carnet à portée de main.

2. Pour chaque sortie effectuée, note la date, la météo et le lieu.

3. Une trace, un animal ? Note l'heure, et décris ta découverte en quelques phrases (nombre d'animaux vus, ce qu'ils font, combien de temps tu as observé…).

4. Un insecte, un oiseau inconnu ? Dessine-le en te focalisant sur ses particularités : taille, couleurs, taches, formes des antennes ou du bec… Tu pourras chercher plus tard à quelle espèce il appartient.

5. Relis souvent tes notes. En te donnant des indices, elles te permettront de mieux préparer tes futures sorties.

En silence

Chez la plupart des animaux, l'ouïe est beaucoup plus fine que chez l'homme. Pendant ta balade, limite le bruit au maximum. Ne crie pas, parle doucement et le moins possible, évite de respirer trop fort ou de souffler bruyamment. Autres bévues : porter un imperméable qui crisse, transporter des objets, comme des clefs, qui s'entrechoquent dans ton sac... Chut !

En souplesse

Profite de la configuration du terrain pour avancer discrètement : essaie d'évoluer à l'ombre, à l'abri de la végétation... Déplace-toi comme un félin, en évitant de faire de grands gestes brusques. Tu as repéré du mouvement ? Arrête-toi et baisse-toi : il est temps de saisir tes jumelles pour voir ce qui se trame par là-bas !

Jamais sans elles !

Les jumelles sont indispensables au naturaliste. Choisis-les soigneusement : elles doivent être légères, grossir de 7 à 10 fois, et être lumineuses : « 8 x 40 » par exemple est parfait ! Le 1er chiffre indique le grossissement, le 2d la luminosité.

La chasse à l'image

Une superbe photo d'écureuil ? Génial ! Mais avant de réussir à capturer l'image du p'tit lutin des bois, il te faudra un peu de technique et beaucoup de patience.

Voici une coulée, un chemin tracé par un animal. Lui aussi mérite de figurer dans ton album !

Au bon endroit

Les animaux vivent souvent sur un territoire où ils ont leurs habitudes : il y a les lieux de nourrissage, de repos... Comment apprendre à les repérer ? Facile pour un reptile, qui se chauffe sur les vieux murs ! Et pour les autres ? Renseigne-toi bien sur leurs comportements, et si tu le peux, participe à des sorties naturalistes, où les guides partageront avec toi leurs secrets.

Au bon moment

À midi, tu as peu de chances d'apercevoir le bout d'un museau. De nombreux animaux sont nocturnes : ils vont et viennent au crépuscule et à l'aube. Ce sont les bonnes heures. Silencieux et bien caché, il ne te reste plus qu'à t'armer de patience.Tout dépend aussi de l'animal : photographier un renard, c'est dur, mais d'autres (crapaud, hérisson...) sont bien plus faciles à approcher.

Respect !

Que dirais-tu d'un invité qui dérangerait et salirait ta maison ? Dans la nature, dis-toi que tu te promènes chez les animaux : ne détruis rien, et n'abandonne aucun déchet.

Organise une expo « nature »

Il fait beau. Et si tu exposais tes plus belles photos dans le jardin ?

1. Fais des agrandissements ou des photocopies agrandies de certains clichés.

2. Glisse tes photos dans des pochettes en plastique pour les protéger.

3. Crée un parcours dans le jardin : les photos d'oiseaux accrochées dans un arbre, celles d'insectes sur l'étendoir à linge…

4. Accompagne tes images de quelques infos sur les espèces représentées. Et organise une visite guidée et commentée.

Fabrique ton affût

Les photographes animaliers utilisent des affûts pour se camoufler. Suis leur exemple !

- **1 vieux parapluie, vert ou gris (affût n° 1)**
- **1 filet de camouflage (affût n° 2)**

1. Pratique une ouverture dans le parapluie, pour y glisser tes jumelles ou ton objectif. Ouvre-le et cache-toi derrière. Léger et facile à transporter, voici un premier affût parfait.

2. Repère un endroit fréquenté par les animaux. Tends ton filet (dans lequel tu auras percé une petite fenêtre) entre 2 arbres.

3. Laisse passer quelques jours : les animaux vont s'habituer et ne se méfieront plus.

4. Arrive à la bonne heure et installe-toi confortablement. Prends garde à ce que le soleil ne tape pas derrière ton affût, car les animaux pourraient alors te voir à travers les mailles.

Côté technique

Choisis un appareil photo numérique compact avec un zoom puissant (à partir de 8x), une bonne qualité macro (qui permet de photographier les sujets très petits avec un résultat agrandi) et un déclencheur discret. Investis aussi dans un trépied, incontournable en affût. Maintenant, lance-toi ! Photographie avec le soleil dans le dos, plutôt dans la lumière rasante du matin et de la fin d'après-midi, qui donne de jolies ambiances douces. Tu veux faire des progrès express ? Emprunte à la bibliothèque des manuels de photo, qui te donneront plein d'astuces sur la lumière, le cadrage... À toi de jouer !

Même si le sujet est commun, tu peux faire une belle photo, comme celle-ci, en travaillant le cadrage et l'ambiance.

À la campagne

Le temps d'une balade ou de vacances au vert, impossible de s'y ennuyer. Avec un minimum de curiosité, tu trouveras ici plein de petites et de grosses bêtes à observer.

Direction la ferme

Sais-tu que le coq chante le matin pour marquer son territoire ? Que les vaches et les taureaux ne voient pas les couleurs ? Qu'on élève aussi des autruches ? Les animaux d'élevage méritent que tu t'intéresses à eux. Pour mieux les connaître, interroge le fermier. Il est au contact permanent de la nature et saura aussi te dire quelles espèces sauvages sont présentes dans les environs.

Tu pourras tranquillement fixer « la crécerelle » jusqu'à ce que l'oiseau repère un rongeur et pique brusquement.

Abris pas bêtes

À la belle saison, sors tôt le matin et file dans les prés observer avec une loupe criquets, araignées, papillons, abeilles... Où regarder encore ? Les reptiles aiment les vieux murs, la chouette effraie les vieilles granges. Sois très discret, elle dort pendant la journée. Enfin, la haie abrite tout un monde. Crapaud, orvet, campagnol, mulot, hérisson, faisan, coucou, mésange, geai... Des dizaines d'espèces y trouvent le gîte et le couvert.

Mais que fait ce renard ? Il mulote : quand il chasse un rongeur, il approche en silence, puis bondit pour se laisser retomber sur sa proie.

À découvert

En été, quand les prés sont fauchés et les champs moissonnés, les insectes et les rongeurs n'ont plus de cachettes. Leurs prédateurs (rapaces, renards, chats forestiers...) profitent de l'aubaine. Pour toi, ce sera peut-être l'occasion de voir ces beaux animaux au crépuscule et d'admirer leur tactique de chasse avec tes jumelles.

Rapaces familiers

Une matinée ensoleillée ? C'est le temps idéal pour observer les 2 rapaces diurnes les plus courants d'Europe. La buse variable (un grand oiseau de 50 cm environ) est facile à voir, posée sur un piquet d'où elle guette ses proies. Le faucon crécerelle, de la taille d'un pigeon, bat très vite des ailes en faisant du surplace quand il chasse. Ce « vol Saint-Esprit » n'appartient qu'à lui !

8 pistes à suivre au fil des saisons

Facile de traquer ces animaux et ces traces… Tu relèves le défi ?

1. En automne, la migration des oiseaux bat son plein. Les oies viennent chez nous passer l'hiver : elles ont le vol le plus facile à repérer, en « V ».

vol d'oies

2. Il fait froid… Des animaux dorment, d'autres sortent le moins possible. Mais s'il neige, essaie de trouver des empreintes.

3. Dès le mois de mars, le citron volète dans la campagne : c'est le premier des papillons hibernants à se réveiller.

citron

4. Fin mars, on peut voir les premiers lapereaux de garenne de l'année gambader avec les adultes sur le bas-côté des routes.

lapins de garenne

5. Malgré leur nom, les vers luisants sont des coléoptères. La femelle n'a pas d'ailes : les soirs d'été, elle attire le mâle grâce à la lumière au bout de son abdomen.

6. Les rapaces recrachent dans des « pelotes » les os, poils et plumes de leurs proies. En été, cherche celles de la buse variable au pied des piquets de clôture.

7. Le mâle du lucane cerf-volant mesure jusqu'à 10 cm. En juillet-août, il vole au crépuscule à la recherche d'une partenaire… Vrooouu, quel bruit !

8. Toute verte, la mante religieuse est camouflée dans les hautes herbes. D'août à octobre, c'est la saison des amours. Gare à la femelle : elle dévore souvent le mâle pendant l'accouplement.

mante religieuse

Balade en forêt

Tu pars en forêt ? Respecte-la : reste sur les sentiers, n'abandonne aucun détritus et n'abîme pas les végétaux !

Brindilles et feuilles qui craquent : pas facile de marcher ici sans bruit. Arrête-toi souvent et reste un moment sans bouger. Rassurées par le silence, les bêtes vont revenir.

mésange nonnette

Connais ta forêt

La forêt couvre plus de 25 % du territoire français. Il y a donc des bois pas très loin de chez toi. Sont-ils constitués de feuillus (chênes, hêtres, châtaigniers...), de résineux (mélèzes, pins, sapins...), d'essences mixtes ? Certains animaux ont leur préférence : la mésange nonnette niche plutôt parmi les feuillus, tandis que les fourmis rousses construisent leurs immenses nids au pied des résineux.

Lieux stratégiques

Limaces, cloportes, mille-pattes, carabes... La litière (couche de végétaux et de feuilles en décomposition) est un milieu grouillant de vie. Tu aimerais voir des mammifères ? Pas de secret : viens tôt le matin ou à la nuit tombante, et poste-toi sans bruit à la lisière des bois, dans une clairière, près d'un terrier ou à un carrefour forestier. Les chemins qui s'y croisent sont aussi empruntés par les animaux.

Repéré !

Pour savoir si un oiseau est présent, les ornithologues utilisent la technique de la « repasse » : ils diffusent un enregistrement du chant de l'espèce et attendent de voir si un congénère répond.

Ils sont passés par ici...

Ces mammifères laissent des traces dans la forêt. Apprends à les reconnaître.

• L'écureuil
Restes de repas : cône avec plumet au sommet. Noisettes brisées en 2.

• Le sanglier
Souille : boue dans laquelle le sanglier se vautre pour chasser les parasites de son pelage. Il se frotte ensuite aux arbres proches (troncs usés).

• Le chevreuil
Bois : parfois trouvés en automne, s'ils n'ont pas été mangés par les rongeurs ou les renards.

• Le cerf
Frottis : dégâts sur les arbres, situés entre 1 et 2 m de haut sur le tronc. Le cerf s'y frotte à la saison du brame pour marquer son territoire.

• Le renard
Crottes : « cigares » avec bout spiralé (8 à 10 cm de long), contenant des os, poils, baies… Déposées en évidence sur des souches, des pierres.

Tends l'oreille

À la belle saison, les insectes bourdonnent et les oiseaux chantent. L'appel du coucou est célèbre, mais d'autres sont faciles à reconnaître : celui du rossignol, qui chante jour et nuit, du pic épeiche, qui tambourine sur les arbres. Pour te familiariser avec eux, écoute leurs cris sur des CD ou sur Internet. L'autre belle expérience à mener est d'aller avec un guide écouter le brame du cerf en automne. Inoubliable !

Transforme tes oreilles en parabole

Les animaux qui ont l'ouïe fine ont souvent des oreilles aux grands pavillons, comme les lapins. Voici un truc pour augmenter la taille des tiens.

1. Place tes mains en cornet derrière tes oreilles.

2. Magique ! Tous les sons sont amplifiés. Coup double : tu entends mieux, et cela te donne une idée de ce que perçoivent les animaux sauvages.

Animaux des cours d'eau

Marais, mare, étang, lac, fleuve, rivière, ruisseau, torrent…
Les eaux vives et les eaux dormantes sont autant de mondes à explorer.
Mets tes bottes en plastique, et c'est parti !

Au rendez-vous des animaux

Un cours d'eau est toujours un lieu très fréquenté par les animaux. Tu pourras y voir des poissons, des invertébrés sous les pierres... D'autres espèces viennent y chasser (oiseaux, libellules), s'y reproduire (grenouilles, crapauds, tritons), ou simplement y boire. Par sécurité, reste près d'un cours d'eau peu profond, avec des berges non glissantes. Et ici comme ailleurs, pars toujours accompagné !

Qui verras-tu ?

Certains animaux sont communs, d'autres moins !

➤ Faciles à observer

• Vairon

• Gallinule poule d'eau

• Grenouille

➤ Plus difficiles

• Ragondin

• Anax empereur

• Truite

➤ Avec de la chance

• Martin-pêcheur

• Cistude

• Rainette

Teste la pureté des eaux

Les invertébrés sont de bons indicateurs de la qualité d'un cours d'eau.

1. Soulève quelques pierres et prélève les petits animaux qui se trouvent dessous. Fais la même chose dans les herbes, le sable…

2. Observe les espèces recueillies selon le tableau ci-dessous.

➤ Si tu trouves des…

tubifex

sangsues

➤ l'eau est polluée

➤ Si tu trouves des…

gammares

escargots aquatiques

➤ l'eau est bonne à moyenne

➤ Si tu trouves des…

larves d'éphémères

larves de phryganes

➤ l'eau est propre

L'équipement astucieux

En plus de ton matériel habituel, prévois une canne graduée pour mesurer la profondeur de l'eau, un filet troubleau (mailles fines) pour capturer des animaux aquatiques, une bassine blanche et une loupe pour les observer. Spécial petits poissons : mets dans une bouteille en plastique des vers et du gravier pour lester, puis plonge-la à environ 1 m de profondeur. Viens plus tard relever ton piège.

Attention, fragile !

Les zones humides (marais, roselières, tourbières...) et les cours d'eau sont des milieux à l'équilibre délicat. Préserve-les ! Ne touche pas les amphibiens (cela abîme la couche de mucus de leur peau), évite de jeter des cailloux, traverse sur les pierres afin de ne pas déranger les poissons et les alevins. Capture peu d'animaux, manipule-les délicatement, et relâche-les vite. Enfin, si tu veux voir qui se cache sous une pierre, soulève-la sans la retourner, puis remets-la comme elle était.

En balade, tu croises un pêcheur ? Demande-lui de te montrer ses prises !

Au bord de la mer

Le bassier (pêcheur à pied) ramasse les coquillages qui se mangent. Mais il doit d'abord se renseigner sur la taille minimale et la quantité permise.

Que vas-tu choisir : t'affaler sur ta serviette pour te faire griller au soleil, ou crapahuter sur le sable et dans les rochers pour admirer la faune locale ? On parie pour le second !

Coquillages et compagnie

Quand la marée est basse, de petites bêtes s'enfouissent dans le sable. Repère les tortillons de déjections du ver arénicole, le siphon de respiration en forme de 8 de la coque, de la praire, de la palourde ou du couteau. Sous une pierre, voici une néréis, un long ver plein de fausses pattes, avec une ligne rouge sur le dos. Et les crevettes ? Cherche-les dans l'eau peu profonde et les mares.

Fais un mobile avec des coquillages

Ses sons légers te rappelleront l'ambiance de la plage toute l'année.

- **entre 20 et 30 coquillages**
- **1 cadre en fil de fer, en bois, etc.**
- **de la ficelle**
- **1 petit clou pointu**
- **1 vis**
- **1 marteau**

1. Plonge les coquillages dans de l'eau citronnée et brosse-les.

2. Perce-les (ou demande à un adulte de le faire) : entame le coquillage avec le clou, donne un petit coup de marteau, puis élargis le trou avec la vis.

3. Enfile tes coquillages sur des brins de ficelle assez longs.

4. Noue les ficelles au cadre.

Identifie les trésors de la mer

Les vagues déposent des laisses de mer, qui forment sur la plage une ligne à la limite de la marée haute : il y a des algues, du bois flotté, et bien d'autres choses… Apprends à les identifier.

• Un œuf de raie

• Un os de seiche

• Un œuf de roussette (petit requin)

• Une mue de crabe

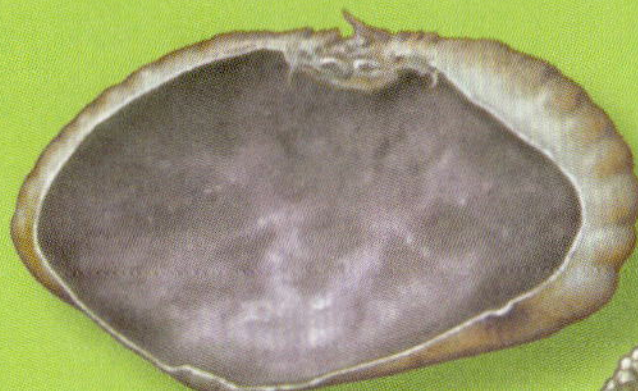

• Une ponte de buccin (coquillage)

• Un test d'oursin (squelette)

On plonge ?

À la mer, on a envie de voir des poissons ! Ce ne sont bien sûr pas les mêmes dans l'Atlantique ou la Méditerranée. On dit souvent qu'il y en a moins qu'autrefois. Mais encore faut-il savoir où les chercher : dans les rochers ou dans les zones où le courant est faible, dans des trous où ils peuvent s'abriter. Pour faire de belles rencontres sous-marines, un conseil : file t'inscrire au club de plongée de la plage !

Explore les rochers

En se retirant, la mer laisse de grandes mares où trouvent refuge des crabes, des oursins, des étoiles de mer, des crevettes et des petits poissons (blennies, gobies…). Sur les rochers, tu trouveras des moules, des huîtres, des bigorneaux, des balanes et des patelles ou « chapeaux chinois ».

Les oiseaux de la plage

Qui vole au-dessus de toi ? Une mouette ou un goéland ? La mouette rieuse a un bec fin et des pattes rouges. Le goéland argenté, plus grand (60 cm contre 40 cm environ) possède un fort bec jaune avec une tache rouge. Autre star de la plage : le gravelot à collier interrompu, qui pond sur le sable entre avril et août. Un panneau prévient les vacanciers : « Ne marchez pas sur ses œufs ! »

Le joli gravelot picore les puces de mer et les vers qui se cachent dans les algues.

Dans ton jardin

Pas besoin d'aller très loin pour voir des animaux sauvages. Que ton jardin soit un magnifique parc arboré ou une modeste courette, il est le royaume des oiseaux et des insectes. Quelle diversité !

À l'affût d'infos

Un animal inconnu ? Sois curieux : essaie de le prendre en photo ou de bien le mémoriser avant qu'il ne file. Cherche ensuite à l'identifier, sur un livre ou un site Internet. Ce papillon posé sur une marguerite, c'était un vulcain. Maintenant, tu sauras le reconnaître. Au fur et à mesure de tes découvertes, tu vas devenir incollable sur la faune de ta région. Sympa !

Drôle de rencontre ! Voici un diablotin, larve de l'empuse, une mante religieuse du bassin méditerranéen.

Du côté des mini

Les jardins accueillent des « incontournables » : lombrics, fourmis, araignées, scarabées, coccinelles, rongeurs, escargots... La liste est longue, mais là aussi, à toi d'aller voir plus loin. Imagine : rien qu'en France vivent plus de 35 000 espèces d'insectes, et des centaines d'espèces d'escargots ! Alors, qui a élu domicile dans ton p'tit coin de nature ?

Cette mousse blanche est appelée « crachat de coucou ». La larve d'un insecte, la cicadelle écumeuse, grandit à l'abri de ce cocon, qui est fait de ses déjections !

Foule ailée

Si ton jardin est assez varié, avec des feuillus, des arbustes à baies, des graminées, des plantes grimpantes, il attirera plein d'oiseaux qui y trouveront de la nourriture et des abris à leur goût. Parmi les espèces les plus communes : merles, rouges-gorges, mésanges bleues et charbonnières, pinsons des arbres, moineaux, grives, corneilles... Tu les auras vite repérés. D'autres, comme les fauvettes, sont courantes, mais très discrètes. Joue les espions !

Au bon accueil

Certains animaux s'installent dans un jardin et sont de moins en moins farouches. Un rouge-gorge qui suit le jardinier en train de bêcher pour picorer les vers du potager, un écureuil qui tape à la fenêtre en hiver pour réclamer à manger… Ça existe !

6 hôtes réguliers du jardin

Pour les trouver, tu n'auras sans doute pas beaucoup à chercher !

- **Le gendarme** est une punaise qui vit en groupes.

- Chez **les merles**, le mâle est noir, la femelle brun tacheté.

- **Le sphinx colibri** est un papillon qui butine en faisant du surplace.

- Ce grand **bourdon noir** est une abeille qui pond dans le bois des charpentes.

- **La pipistrelle** est la plus petite chauve-souris d'Europe. On la voit voleter au crépuscule pour gober des insectes.

- **Le pinson des arbres** est un oiseau très coloré.

En période de migration, à la fin de l'automne, les dortoirs d'étourneaux sansonnets rassemblent des milliers d'individus. Gare au bruit et aux fientes !

En ville

Béton, bitume, rues animées… Tu penses que la ville est hostile aux espèces sauvages ? Pas vraiment ! Certaines y trouvent des refuges très appréciés. Apprends à voir ta cité d'un autre œil.

Tranquilles en ville

On a déjà vu des blaireaux, des chevreuils, des sangliers et des renards au cœur de grandes villes. Pas si étonnant ! Ici, certaines structures rappellent la nature aux animaux : la cathédrale est une falaise, les rues sont des vallées profondes avec des îlots verts (terrasses, jardins). La nourriture, sous forme de déchets ou de petits rongeurs, abonde. Et en hiver, il y fait plus chaud qu'à la campagne.

Animal rare

Les villes accueillent parfois des animaux extraordinaires.

• **Le bombyx de l'ailante** fut introduit comme ver à soie en Europe au XIXe siècle. Ce grand papillon nocturne est présent à Paris le long de la Petite Ceinture (ligne de chemin de fer désaffectée qui fait le tour de la capitale).

• **L'hémidactyle verruqueux** occupe les vieux quartiers des villes méditerranéennes. On le surprend parfois le soir sur une façade, ou même dans la maison, où il chasse les insectes près des plafonniers.

Le rat mène sa vie en sous-sol, dans les caves et les égouts. Mais on peut parfois l'apercevoir dans la rue, près d'une poubelle.

Habitats variés

Les villes regorgent de cachettes. Au centre, les espaces verts, les vieux murs, les greniers, les caves abritent toute une faune.
En banlieue, les friches (entrepôts, parkings abandonnés...) dans les zones industrielles sont une aubaine. Autres grands classiques connus des naturalistes : les abords des cours d'eau, les tunnels du chemin de fer... et ses rails. Moins dangereux que les routes, il y a aussi peu de risques d'y rencontrer des hommes. De nombreux mammifères se déplacent sur les voies ferrées.

Petit tour au parc

Que vas-tu observer ? Des oiseaux bien sûr ! Certains ont été introduits comme espèces d'ornement : cygnes, paons, canards... Sur les allées, les pigeons et les moineaux glanent des miettes. Des pies sautillent sur les pelouses : regarde, elles vont toujours par 2.
En hiver, le parc est un lieu de halte bienvenu (et sans chasseurs !) pour les migrateurs. Pour t'informer sur la faune particulière du lieu, il y a souvent des panneaux d'information. Consulte-les.

Et là, c'est qui ?

Voici quelques animaux que tu verras peut-être lors de tes balades en ville.

- **L'hirondelle de fenêtre** niche sous les toitures.

- **La carpe koï** est un poisson d'ornement, venu du Japon.

- **Le bibion de la Saint-Marc** est une petite mouche qui pullule parfois en mars et en avril.

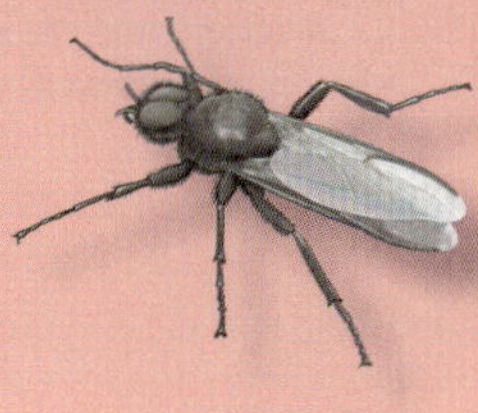

- **Le blaps** se nourrit à la cave des crottes de souris.

- **Le grillon domestique** est présent dans certaines stations de métro. Criiii-criiii...

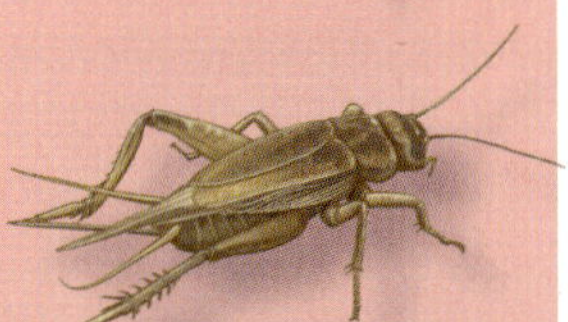

Dans ta maison

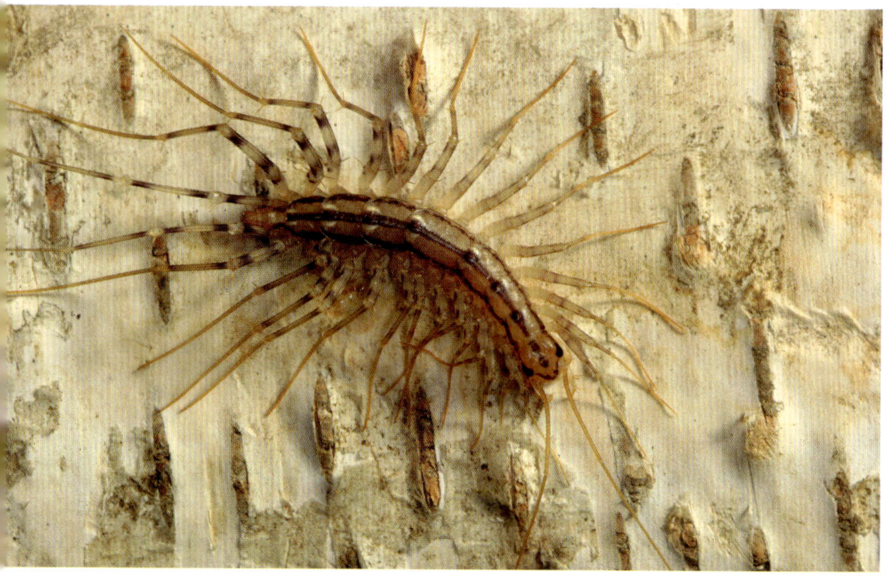

Elle est pleine de petits coins où se cacher, et il y fait bon toute l'année. Très confortable, ta maison est un vrai bonheur pour toutes sortes de (gentilles) petites bêtes !

La scutigère véloce possède 30 pattes : hyper rapide, elle chasse les mouches, les blattes, les araignées, et file se cacher dès que tu allumes la lumière.

Une bonne adresse

À l'échelle d'un insecte, ta maison a la taille d'une planète ! Elle réunit des conditions de vie parfaites pour de nombreuses espèces : de l'humidité dans la salle de bains, des coins obscurs à la cave et entre les lattes du parquet, une tranquillité totale au grenier. Mais surtout, elle regorge de nourriture. Des miettes, mais aussi du papier, du bois... et bien sûr des proies pour les carnivores. Miam !

Ne pas confondre !

La présence de blattes n'est pas signe de saleté : elles vivent depuis toujours au contact des hommes, dont le foyer leur procure chaleur, humidité… et miettes à grignoter !

Rends la liberté à un insecte

Il est entré dans la maison et n'arrive plus à en sortir… Aide-le !

- **1 morceau de papier rigide (ou carton)**
- **1 verre transparent**

1. Si l'insecte se cogne contre une vitre à 2 battants : ouvre le battant opposé, puis souffle sur la petite bête, en direction de la partie ouverte de la fenêtre.

2. Si l'insecte se cogne contre une vitre, ou s'il est sur un mur : prends un verre dans la cuisine. Capture l'insecte, puis glisse le papier en dessous du récipient. Il ne te reste plus qu'à relâcher ton prisonnier !

Reconnais tes invités

Apprends à identifier tes « colocataires » les plus communs.

1. Pholcus (toile lâche au plafond).

2. Tégénaire (grande toile en forme de nappe à la cave ou au grenier).

3. Zygielle (toile géométrique tissée sur les fenêtres, les volets…).

4. Saltique (sur les murs extérieurs de la maison).

5. Lérot (se différencie du loir par ses « lunettes » et sa queue au toupet noir).

6. Musaraigne (beaucoup plus petite qu'une souris, avec des yeux minuscules et un museau allongé).

Mal-aimées

La plupart des gens ne supportent pas la vue d'une petite bête chez eux. En particulier des araignées ! Dommage, car elles sont très utiles. Certaines tissent un piège (pholcus, tégénaire, zygielle des fenêtres), d'autres sautent sur leurs proies (saltiques). Mini mais voraces, elles nous débarrassent des mouches et des moustiques. Au lieu de les écrabouiller, observe-les et admire la délicate géométrie de leurs toiles. Et fais passer l'info : en France, aucune espèce n'est dangereuse.

Un abri pour l'hiver

En automne, quand les nuits deviennent plus fraîches, les petits animaux essaient de se mettre au chaud. Les araignées de jardin, les coccinelles, les punaises, les chrysopes (mouches aux yeux d'or) rentrent parfois dans les maisons. Les lérots hibernent au grenier. Poussée par la faim, il arrive qu'une musaraigne s'invite, pour voir s'il ne reste rien à croquer chez toi. Pas de crainte : cet insectivore au museau pointu ne mange que des petites proies.

On rencontre souvent le lépisme, ou poisson d'argent, dans les salles de bains. Ce drôle d'insecte cuirassé existait déjà il y a 300 millions d'années !

À quoi pense ce bonobo, le primate le plus proche de l'homme ?

Dans la peau

Pour mieux connaître les animaux et leurs comportements, il faut essayer de comprendre comment ils perçoivent l'environnement. Un vaste programme, auquel des naturalistes ont consacré leur vie... Sans pourtant réussir à percer tous les secrets du monde animal !

des animaux

Chacun son monde

As-tu déjà essayé d'imaginer ce que voit ton chat ? Ce que ressent la petite fourmi qui se promène dans l'herbe de ta pelouse ? Évidemment pas les mêmes choses que toi !

Voici comment ton chat voit le monde : sans rouge, en teintes pastel, net au centre mais flou sur les bords.

Univers parallèles

Mammifères, oiseaux, poissons, reptiles, insectes... Tous les animaux vivent dans le même monde. Mais au cours de l'évolution, chaque groupe a développé les sens les plus utiles pour se nourrir, se défendre ou s'adapter à son milieu. Il existe une infinie variété de manières de percevoir son environnement. Le point commun : permettre à l'animal de survivre.

Apparences trompeuses

Les animaux qui possèdent une bonne vue ont en général de grands yeux, et ceux qui ont une bonne ouïe de grandes oreilles. Mais ce n'est pas une règle absolue : la chouette, dont les oreilles forment 2 petits trous cachés sous le plumage, est l'oiseau à l'ouïe la plus fine. Un record partagé par son cousin le hibou… qui n'a pas d'oreilles sur la tête, mais 2 touffes de plumes, appelées « aigrettes ».

Perceptions en tout genre

Tu entends avec tes oreilles, tu goûtes avec ta langue... Évident ? Pourtant, certains animaux n'ont pas le même mode de perception que nous.
La mouche renifle les aliments avec le bout de ses pattes. Les serpents, dépourvus d'oreilles externes, « entendent » les vibrations du sol.
Les poissons, eux, possèdent une ligne latérale sur les flancs : elle les renseigne sur les mouvements de l'eau et détecte les volumes alentour. Une sorte de sens du toucher à distance !

Avec sa langue bifide, le serpent ne « pique » pas, mais recueille des molécules dans l'air et les analyse. Par là, il y a comme un avant-goût de grenouille !

Sensations fortes

Le chien a un odorat 10 000 à 20 000 fois plus développé que le nôtre. Le chat capte une lumière 7 fois plus faible que nous et possède une excellente vision de nuit. Le dauphin perçoit des sons 8 fois plus aigus. Certains animaux sont ainsi constamment bombardés d'informations qui nous échappent totalement. Par rapport à eux, nous évoluons dans un monde moins riche !

Récepteurs inconnus

Encore plus difficiles à imaginer : les perceptions extrasensorielles. Les organes des animaux se sont parfois développés jusqu'à devenir des sens « en plus ». L'ours polaire et certains serpents repèrent leurs proies grâce à la chaleur qu'elles émettent ; des insectes communiquent par signaux chimiques ; de nombreux poissons, comme les requins, sont sensibles aux champs électriques ; les chauves-souris émettent des ultrasons et chassent avec leur sonar...

Les fourmis tracent des routes chimiques pour indiquer le chemin à leurs congénères. Les informations sont recueillies avec les antennes.

Mi-homme, mi-éléphant : voici Ganesh, le dieu hindou de la sagesse et de l'intelligence.

La place de l'animal

L'homme s'interroge : par certains côtés, les animaux lui ressemblent. Mais ils ne possèdent pas une pensée aussi complexe que lui… Doit-il les considérer comme des êtres ou comme des objets ?

À l'égal de l'homme

Un premier courant de pensée prête des traits humains aux animaux. On croit qu'ils parlent entre eux et savent s'ils font le bien ou le mal (d'où les procès menés contre eux au Moyen Âge). Dans les religions antiques, on adore des dieux au corps d'homme surmonté d'une tête d'animal. Et l'on croit, comme en Grèce ou en Extrême-Orient, à la métempsycose : après la mort, l'âme voyagerait et choisirait une nouvelle enveloppe humaine... ou animale.

L'animal machine

Renversement de situation ! Pour le philosophe René Descartes (1596-1650), le corps de tout être vivant est une machine faite de rouages et de ressorts. Avec une nuance : l'homme est le seul à posséder une âme. Cette théorie, appelée « mécanisme », conduit très vite à une pente glissante : si les animaux n'ont pas d'âme, ils ne souffrent pas. On peut donc en faire ce qu'on veut ! Ce qui permet à Nicolas Malebranche (1638-1715) de battre son chien, en déclarant que les cris de l'animal sont « comme une horloge qui sonne l'heure ».

Réalise un portrait homme/animal

Rigolo, cet homme-éléphant ! À toi de réaliser un collage hybride. C'est très simple…

- **des portraits de personnes en pied (photos anciennes, de famille ou de magazine)**
- **des photos de têtes d'animaux**

1. Fais des photocopies des photos : joue avec les réductions ou les agrandissements pour que les tailles des corps et des têtes correspondent.

2. Découpe les têtes et fais des essais en les rapprochant des corps. Satisfait ? Colle les éléments ensemble !

3. Si besoin, pour dissimuler l'endroit de l'assemblage, dessine un foulard, un collier…

Avec cette gravure de 1867, l'artiste Alfred Rudolf Waud pose la question : « Des animaux ou des hommes, qui sont les bêtes sauvages ? »

Un nouveau respect

Au fur et à mesure que la science progresse, on se rend à l'évidence : l'homme est très proche de certains grands singes, les mammifères réagissent à certaines émotions, des animaux utilisent des outils... Non, ils ne sont pas des machines ! Au XIXe siècle, on commence à parler de leurs droits. Le mouvement naît en Angleterre, avec la création en 1824 de la Société de prévention de la cruauté envers les animaux. Bientôt agréée par la reine Victoria, elle sert de modèle à de nombreuses associations de protection à travers l'Europe.

Les droits des animaux

En 1978, la Déclaration universelle des droits de l'animal, calquée sur la Déclaration universelle des droits de l'homme (1948), est proclamée à Paris. Elle affirme « le droit de toute vie animale au respect » et exige d'inculquer cette attitude aux enfants. C'est une avancée, mais certains trouvent la déclaration trop timide, car elle reconnaît que la mort des animaux d'élevage est « nécessaire ». Des mouvements, comme celui des antispécistes, refusent à l'homme toute supériorité sur les autres espèces vivantes et réclament que l'on cesse d'exploiter et de tuer des animaux.

Qu'est-ce que l'éthologie ?

Née au XIXe siècle, cette science inaugure une nouvelle approche du monde animal. En effet, elle propose d'observer les espèces dans leur milieu naturel pour étudier leurs comportements.

Autrefois, on dressait les chevaux par la force. Appliquant des méthodes éthologiques, les « chuchoteurs » travaillent désormais avec eux par la confiance et le jeu.

Un peu d'humilité !

Jusqu'à la fin du XIXe siècle, on se représente le monde habité par des espèces hiérarchisées, des moins évoluées aux plus évoluées... avec l'homme tout en haut de l'échelle. De nombreux biologistes remettent alors en cause cette vision. Une nouvelle idée se développe : les espèces vivantes ont chacune leur propre univers, et chacun de ces petits mondes est parfait en lui-même. Et s'ils sont liés entre eux, aucun ne « vaut » mieux qu'un autre.

Changement de méthodes

Au XXe siècle, on s'interroge : qu'est-ce qui, dans le comportement d'un animal, est inné (présent dès la naissance) ou acquis (appris par l'expérience) ? Les béhavioristes (de l'anglais *behaviour* : « comportement ») pensent que le comportement est une réponse « réflexe ». En laboratoire, ils font des expériences sur les rats, pour démontrer qu'un animal se construit uniquement par apprentissage. Pas si simple, pense le naturaliste Konrad Lorenz... Il faut au contraire capter le maximum d'informations sur une espèce sans idée préconçue, et sans intervenir. Il utilise la méthode du « *sitzen und sehen* » : on s'assoit et on observe.

Le chien de Pavlov

Le béhavioriste Ivan Pavlov faisait tinter une cloche juste avant de nourrir un chien. Il remarqua qu'ensuite l'animal salivait dès qu'il entendait le son, avant de voir son assiette. Pavlov en conclut que les comportements des animaux sont le résultat de réflexes conditionnés par l'environnement.

L'éthologie aujourd'hui

Elle est considérée comme une branche de la biologie. Les recherches continuent avec de nouveaux outils : la génétique permet par exemple d'étudier les relations dans un groupe, en tenant compte des liens de parenté. L'éthologie a permis une approche différente des animaux, et en particulier des chevaux. On se sert aussi de ses enseignements pour améliorer la vie des animaux d'élevage…

Éthologues célèbres

• **Konrad Lorenz** (1903-1989)
Ce médecin et naturaliste autrichien est considéré comme le père de l'éthologie moderne. En étudiant les oiseaux, et en particulier les oies cendrées, il a montré que les animaux ont une vie sociale riche et complexe. En 1973, il a reçu le prix Nobel de médecine, avec 2 autres biologistes, Karl von Frisch et Nikolaas Tinbergen.

Konrad Lorenz

• **Karl von Frisch** (1886-1982)
Professeur de zoologie autrichien, il a principalement axé ses recherches sur les abeilles. Il a découvert comment elles s'orientent (grâce au soleil, au champ magnétique terrestre…), comment elles communiquent entre elles en « dansant », comment elles repèrent les fleurs à la vue et à l'odorat, etc.

• **Dian Fossey** (1932-1985)
Dès son plus jeune âge, l'américaine Dian Fossey a voulu consacrer sa vie aux animaux. En 1963, elle voyage en Afrique et décide de faire des recherches sur les grands singes. Dian Fossey travaille au Zaïre, puis au Rwanda. Elle étudie les gorilles de montagne et réussit à se faire accepter par un clan. Elle lutte pour leur protection, avant d'être assassinée en 1985 par des braconniers.

Dian Fossey

• **Jane Goodall** (née en 1934)
D'abord assistante d'un célèbre paléontologue, elle s'installe en Tanzanie pour étudier les chimpanzés dans leur environnement. Elle est la première à observer un chimpanzé en train de fabriquer un outil pour attraper des termites. Ses travaux ont bouleversé la façon de voir les primates, et les animaux en général. Jane Goodall et sa fondation ont créé des sanctuaires en Afrique pour sauver les chimpanzés de l'extinction.

Jane Goodall

L'intelligence animale

Que se passe-t-il dans la tête des animaux ? Cette interrogation occupe désormais les biologistes. Et toutes leurs recherches tendent vers la même conclusion : nos amies les « bêtes »... ne le sont pas du tout !

Chiens malins

En 2001, Rico le chien passa à la télévision allemande. Ce chien de berger (border collie) connaissait le nom de plus de 200 objets, qu'il allait chercher à la demande. Des biologistes décidèrent alors d'étudier ses dons de mémorisation... qu'ils repérèrent bientôt chez 2 autres border collie. Une explication possible : ces chiens de berger, habitués à retenir les ordres, auraient un talent particulier pour apprendre.

Une notion à définir

Qu'est-ce que l'« intelligence animale » ? Les scientifiques s'accordent : seul l'homme, au fil de son évolution, a développé la capacité d'écrire de la poésie ou d'aller sur la Lune ! Ils n'essaient donc pas d'évaluer la production d'idées chez les animaux, mais de déceler leur faculté à s'adapter à des situations nouvelles et à acquérir des connaissances. À la place du terme « intelligence », ils emploient plutôt celui de « cognition » animale.

Nouvelles interrogations

De multiples expériences sont menées pour découvrir des capacités mentales inconnues jusqu'alors chez les animaux. Ont-ils conscience d'eux-mêmes ? S'entraident-ils ? Ont-ils la mémoire des événements, ressentent-ils des sentiments ? Peuvent-ils inventer des outils ? Les chercheurs insistent : leurs travaux ne servent pas à créer des perroquets, des rats ou des singes savants, mais bien à comprendre la perception du monde par les animaux.

Chez les insectes sociaux (abeilles, guêpes, fourmis, termites, etc.), chaque individu effectue une tâche simple qui sert à la survie du groupe entier. On parle alors d'« intelligence collective ».

Des observations étonnantes

Les primates ne sont pas les seuls à inventer des outils : les corbeaux et les corneilles savent aussi tordre un fil de fer en crochet pour accéder à de la nourriture. Les geais bleus, eux, cachent des baies dans la nature et reviennent les changer de place s'ils ont le sentiment d'avoir été observés par un congénère qui pourrait les leur voler ! Dans le domaine aquatique, les recherches se sont concentrées sur les dauphins, capables de se reconnaître dans un miroir et de communiquer avec les humains. Très astucieux aussi, le poulpe, qui sait dévisser le couvercle d'un bocal dans lequel se trouve une proie et mémoriser très rapidement le parcours vers la sortie d'un labyrinthe...

Alex le perroquet (1976-2007) comptait jusqu'à 7, reconnaissait les couleurs, les formes... Il savait aussi réclamer son petit-déjeuner ou une balade !

Kanzi et compagnie

Sans réelle surprise, ce sont les grands singes qui montrent le plus de facilité à apprendre et à communiquer. Washoe, une femelle chimpanzé (1965-2007), acquit la langue des signes et l'enseigna elle-même à son fils Loulis. Kanzi, un mâle bonobo (né en 1979), reconnaît quant à lui près de 400 symboles et 3 000 mots. Il montre les symboles du lexique qu'il garde toujours avec lui pour répondre aux questions et construire ses propres phrases. Kanzi a aussi appris à fabriquer des outils préhistoriques très efficaces en compagnie d'un paléontologue... et sait jouer à Pac-Man !

Gros cerveau

L'éléphant possède un cerveau 4 fois plus lourd que celui de l'homme. Pourtant, il n'est pas 4 fois plus futé ! Quand on étudie la taille du cerveau et l'« intelligence comportementale », il faut considérer la masse de l'organe par rapport à celle du corps de l'animal, et non pas dans l'absolu.

La Lune est responsable des marées. Son cycle paraît avoir une influence sur les animaux marins, mais aussi sur de nombreuses espèces terrestres.

Énigmes animales

Comportements étranges, incroyable sens de l'orientation… En l'état actuel des connaissances, la science ne sait pas tout expliquer. Le monde animal recèle encore bien des mystères !

Sauve qui peut !

Les témoignages sont innombrables : domestiques ou sauvages, les animaux deviennent agités et cherchent à s'enfuir quelques heures avant une catastrophe. Le récit le plus ancien date de 373 avant J.-C., lorsqu'un séisme eut lieu en Grèce. Plus près de nous, en 2004, de nombreux animaux se réfugièrent en hauteur juste avant le terrible *tsunami* (raz-de-marée) qui frappa l'Asie… Hypothèse : plus sensibles que nous aux vibrations, aux modifications du champ magnétique ou de la pression atmosphérique, les animaux sentiraient un danger imminent.

Morts en série

Un troupeau de vaches ou de moutons qui se jette du haut d'une falaise, des baleines ou des dauphins qui s'échouent par dizaines sur une plage… Ces événements relativement courants restent pour l'instant inexpliqués. Les animaux ne se suicident pas. Alors ? On pense que des ruminants peuvent se précipiter dans le vide s'ils sont effrayés par un prédateur. Une tempête, une maladie ou les sonars des bateaux pourraient quant à eux désorienter les cétacés. Mais ce ne sont que des suppositions…

Migration et orientation

Des oiseaux parcourent chaque année des dizaines de milliers de kilomètres, en suivant les mêmes « routes » migratoires, sans jamais s'égarer. Comment ? Ils possèdent des particules de magnétite dans le cerveau : comme une boussole, elles les orientent vers les pôles. On pense aussi que les oiseaux se repèrent à la position du soleil, des étoiles et même des illuminations nocturnes des villes, grâce à la mémoire des reliefs, des odeurs, des sons, des lumières... Une énigme demeure : de jeunes oiseaux n'ayant jamais migré, déplacés loin du point de départ habituel de l'espèce, trouvent la bonne route !

De ténor à baryton

Chez les baleines bleues, seuls les mâles chantent. En étudiant les enregistrements réalisés depuis 40 ans, des chercheurs ont découvert que les chants des cétacés sont de plus en plus graves. Des théories sont à l'étude : elles évoquent une pollution sonore accrue dans les océans, une rude compétition entre baleines peut-être plus attirantes avec une « voix » très grave…

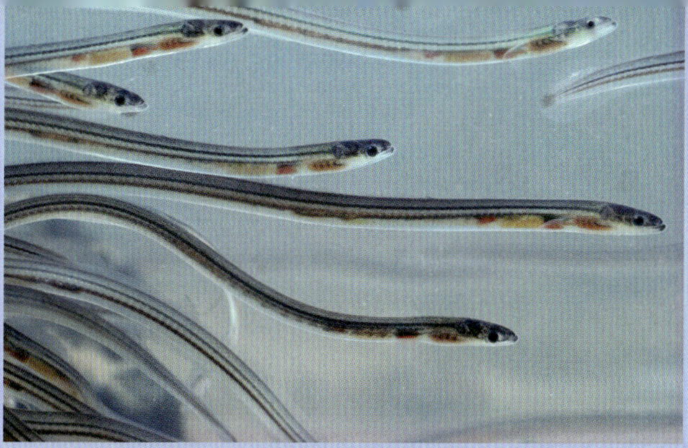

L'anguille naît en mer, remonte les cours d'eau pendant sa vie d'adulte et retourne en mer frayer et mourir. La migration des larves reste pour l'instant mystérieuse.

Immortelle

La petite méduse *Turritopsis nutricula* (5 mm) est originaire de la mer des Caraïbes. Des chercheurs italiens ont récemment fait une découverte : capable de retourner à sa forme juvénile après avoir atteint sa taille adulte, dans un cycle sans fin, elle est potentiellement immortelle. Ce processus, appelé « transdifférenciation », est étudié par les généticiens. Les biologistes, eux, sont inquiets : en voyageant dans les eaux de ballast (eaux dont on remplit des réservoirs pour équilibrer les navires, et qui sont ensuite rejetées), la méduse se répand dans toutes les mers du monde.

Les cellules de cire du nid d'abeille offrent la meilleure résistance pour le minimum de matériau. On a imité cette forme dans toute l'industrie !

Les animaux et la

Les animaux ont été l'un des premiers sujets d'observation. Au fil des siècles, nous avons beaucoup appris d'eux, dans presque tous les domaines : biologie, médecine, chimie, mais aussi mécanique ou architecture...

science

Identifier, nommer, classer

Face au foisonnement des espèces, l'homme occidental a mis en place un procédé qui lui est caractéristique : ordonner tout ce qu'il observe, pour reconstituer le grand puzzle du monde vivant.

La nomenclature

Dans les années 1750, le naturaliste suédois Linné met au point le système binominal utilisant le latin, la langue scientifique universelle. En combinant 2 noms, le genre et l'espèce, le binôme peut désigner avec précision n'importe quelle espèce vivante. L'éléphant d'Afrique est par exemple *Loxodonta africana*, le loup *Canis lupus*, l'homme *Homo sapiens*, etc. Ainsi, quel que soit son nom local, 2 scientifiques de pays différents sont sûrs de parler de la même espèce !

En 1758, la girafe fut nommée *Giraffa camelopardalis,* car on trouvait qu'elle ressemblait à la fois à un chameau et à un léopard !

Comme un canular

Quand l'ornithorynque est découvert en Australie en 1798, les scientifiques croient d'abord que quelqu'un a fait une blague, en cousant un bec de canard sur un castor. Et quelle stupeur en 1884, quand on réalise que cet incroyable mammifère pond des œufs !

L'arbre zoologique

Comment classer les animaux ? À partir du XVIIIe siècle, les savants mettent au point une classification hiérarchique basée sur les points communs, avec à chaque niveau des groupes (genre, famille, ordre...) nommés « taxons ». Par exemple, le chat et le tigre appartiennent à la famille des félidés, le tigre et le lapin au même taxon de la classe des mammifères. Au final, on obtient un grand arbre, dont le tronc serait l'ensemble du monde vivant, et l'extrémité de chaque branche une espèce.

Combien d'espèces ?

Une espèce, pour simplifier, est une population dont les individus peuvent se reproduire entre eux et assurer, dans des conditions naturelles, une descendance viable et féconde. À son époque, le naturaliste Linné dénombra 67 000 espèces vivantes (animaux et végétaux). Aujourd'hui, on en connaît environ 1,5 million et on pense qu'il en existe peut-être entre 5 et 30 millions, dont une majorité d'insectes encore inconnus !

Un système plus souple

Depuis les années 1950, un autre système de classification, appelé « phylogénétique » permet de visualiser l'évolution des êtres vivants. Ici, les groupes ou « clades », ne réunissent pas forcément ceux qui se ressemblent, mais ceux qui ont un ancêtre commun. Par exemple, baleines et dauphins appartiennent au même clade que les hippopotames : leur ancêtre avait des membres comparables, avant que les dauphins ne retournent à la mer et que leurs membres se transforment peu à peu en nageoires.

Apprends les différentes classifications du lion

Voici les taxons auxquels appartient le lion : du plus général en haut jusqu'au plus particulier en bas.

Règne animal *(Animalia)* ➤

Embranchement des cordés *(Chordata)* ➤

Classe des mammifères *(Mammalia)* ➤

Ordre des carnivores *(Carnivora)* ➤

Famille des félidés *(Felidae)* ➤

Genre (*Panthera*) ➤

Espèce (*Panthera Leo*) ➤

Au Muséum national d'histoire naturelle, la Grande Galerie de l'évolution met en scène des milliers d'animaux.

Une visite au muséum

Un muséum d'histoire naturelle, bien plus qu'un simple musée, est un outil précieux d'étude du monde animal. Il s'adresse à tout le monde : de l'enfant curieux au chercheur très spécialisé.

Les palais de la nature

En 1633, Louis XIII ordonne la création à Paris du Jardin royal des herbes médicinales. Ce sera le point de départ d'un vaste domaine dédié à l'étude des sciences de la nature, renommé en 1793 Muséum national d'histoire naturelle. Avec le Natural History Museum de Londres et la Smithsonian Institution à Washington, le Muséum national de Paris fait partie des 3 plus importants instituts de sciences naturelles au monde. Mais il en existe beaucoup d'autres, qui forment un réseau mondial de connaissances.

Une mine d'informations

Dans un muséum, on vient admirer des collections de sciences naturelles : minéraux, végétaux, animaux... Il y a parfois un parc zoologique, un vivarium ou un aquarium. Des expositions, des conférences y sont organisées toute l'année. On s'y documente. C'est un des rôles de ces institutions financées en grande partie par l'État et les collectivités : diffuser la connaissance. Et le public est toujours au rendez-vous ! Certaines expositions prestigieuses, par exemple sur les dinosaures, circulent dans les muséums du monde entier.

Missions scientifiques

Un muséum est aussi un centre de recherche autour duquel travaillent de nombreux scientifiques. Des conservateurs et des techniciens assurent l'entretien et l'enrichissement des collections. Des chercheurs mènent des programmes financés par l'établissement, avec parfois l'aide du public : 15 000 bénévoles français ont ainsi participé à recenser les papillons de jardin ou les chauves-souris ! Souvent, le muséum se joint à d'autres organismes pour coorganiser de grandes expéditions aux 4 coins du monde...

Les muséums nationaux sont aussi les dépositaires des nouvelles espèces découvertes. Il faut les décrire, les classer, les répertorier...

Stocker la biodiversité

Sous le Muséum national d'histoire naturelle de Paris, une zoothèque abrite plus de 1 500 000 animaux naturalisés. Un trésor biologique réservé aux chercheurs.
Pour mieux assurer le futur, il existe aussi à travers le monde plusieurs banques génétiques où des ovules et des spermatozoïdes d'espèces animales menacées sont conservés dans des congélateurs. Il sera donc possible de tenter de les « ressusciter » en cas de besoin.

Avis d'experts

On entend souvent parler de problèmes impliquant des animaux ou des végétaux : la disparition des abeilles, le virus chikungunya propagé par un moustique, la prolifération de plantes aquatiques... Face à ces situations d'urgence, le Muséum national joue un rôle primordial : il coordonne les équipes de chercheurs pour comprendre et si possible résoudre le problème. Les pouvoirs publics consultent aussi régulièrement les experts du Muséum, par exemple quand on doit déboiser pour construire une route, modifier une côte pour aménager un port, etc.

Vers 1900, le rat gris sauvage fut remplacé par le rat blanc, plus docile pour les expériences.

L'animal cobaye

Médicaments, greffes, moyens de transport... Les animaux sont toujours utilisés pour tester les progrès de l'homme.

Des chiffres impressionnants

En 2009, un rapport de la Commission européenne avançait le chiffre de plus de 100 millions d'animaux sacrifiés chaque année dans le monde : rats et souris, mais aussi lapins, singes, chiens, chats, oiseaux... Ils sont surtout utilisés pour la recherche en pharmacologie et en médecine, mais aussi par des industries comme celles des cosmétiques, de l'armement ou de l'agro-alimentaire. Aux États-Unis, rats, souris et oiseaux sont même considérés officiellement comme des objets, ce qui permet de les utiliser sans limite.

Une longue histoire

Au IIe siècle, pour tenter de comprendre le fonctionnement des organes, le médecin grec Galien dissèque des porcs et des singes car la loi interdit alors de toucher aux cadavres humains. Ce tabou dure jusqu'à la Renaissance. Le roi autorise alors la dissection des corps des condamnés à mort. Mais dans le même temps, la médecine qui se développe a besoin d'animaux pour tester ses remèdes. Il est en effet impossible de faire des expériences sur l'homme. Au XIXe siècle, le médecin Claude Bernard justifie les « vivisections zoologiques » à condition d'utiliser des anesthésiants pour ne pas faire souffrir les animaux. Ce qui était en réalité loin d'être toujours le cas !

Laïka

En 1957, cette chienne russe a été la première créature vivante mise en orbite autour de la Terre. Mais elle avait de l'oxygène pour seulement une semaine et il n'avait jamais été envisagé de la ramener au sol !

3 espèces précieuses

Peu connus du public, ces animaux ont permis aux scientifiques de faire d'importants progrès.

• La drosophile
La minuscule mouche du vinaigre possède 12 000 gènes presque tous identifiés. Des milliers de chercheurs l'étudient : facile à élever, elle se reproduit en 2 semaines et permet d'étudier rapidement les mécanismes des mutations génétiques.

Mouche drosophile ou mouche du vinaigre.

• Le xénope
Le crapaud à griffes est le batracien le plus utilisé par les biologistes. Certaines de ses cellules sont 1 000 fois plus grosses que chez l'homme ! En les observant, on a par exemple compris comment elles se divisent, pour renouveler un tissu ou réparer une lésion.

Crapaud xénope.

• L'aplysie
On connaît chaque cellule de son système nerveux rudimentaire. Des expériences ont montré que ce mollusque mémorise des informations, comme le rythme d'un mouvement d'eau. En étudiant le phénomène, on a compris comment fonctionne notre mémoire !

Aplysie.

Que dit la loi ?

En 2010, le Parlement européen a renforcé la loi sur la protection des animaux de laboratoire, devenue la plus stricte au monde. Les chercheurs doivent demander une autorisation pour chaque projet, et recourir au maximum à des méthodes de substitution. Mais d'autres pays, surtout en Asie, ne respectent pratiquement aucune loi. Un scandale pour les nombreux militants de la cause animale. Pour ces associations, la vivisection devrait être partiellement ou totalement abolie.

Les animaux qui soignent

Leurs bienfaits sont parfois appréciés depuis des millénaires. Et même à l'époque moderne, la science n'a pas fini d'utiliser les services de certaines espèces très précieuses !

Merveilleuses abeilles

À elle seule, une ruche offre une vraie pharmacie ! Le miel soigne la gorge et fait cicatriser les plaies, le pollen régule la digestion, la gelée royale stimule l'organisme, la propolis (de la résine butinée dans les arbres) tue certains virus... Plus fort encore : le venin d'abeille (apitoxine) combat certaines douleurs articulaires et serait prometteur contre la sclérose en plaques, une maladie très grave. Vers l'an 800, Charlemagne soignait déjà ses rhumatismes en se faisant piquer par des abeilles. Aujourd'hui, on injecte le venin avec une seringue, pour mieux contrôler la dose.

Le *Garra rufa*, petit poisson originaire d'Asie, est très utilisé pour les soins des pieds. Il raffole des peaux mortes et soulage des maladies de peau comme l'eczéma ou le psoriasis. En plus, c'est très agréable !

La sangsue médicinale, *Hirudo medicinalis*, a presque disparu à l'état sauvage. Elle est désormais élevée en bassins naturels et en laboratoire, et utilisée pour la chirurgie.

Pompeuse de sang

Beaucoup de gens redoutent ce gros ver plat tout noir qui vit dans les marais... Pourtant, la sangsue est une bienfaitrice ! Elle absorbe jusqu'à 10 fois son poids de sang sans causer de douleur, grâce à sa salive anesthésiante et anticoagulante. On s'en servait jadis pour purger les malades de leur « mauvais sang », ce qui ne servait pas toujours à grand-chose. Mais pour les chirurgiens actuels, la sangsue est précieuse lors des greffes compliquées (oreilles, doigts, peau...). Elle absorbe le sang en trop et injecte des substances qui diminuent le risque de rejet de l'organe transplanté, le greffon.

Ne pas confondre médecine et superstitions !

Certains croient à tort que la corne de rhinocéros, les moustaches de tigre ou la poudre d'hippocampe donnent de la vigueur. Et même si ces animaux sont protégés, des braconniers continuent à les massacrer pour alimenter le trafic.

Du corail dans le squelette

Un banc de corail est composé de millions de polypes (des animaux du groupe des méduses des anémones de mer), produisant chacun un petit tube de calcaire très dur. Depuis les années 1990, le corail est devenu le biomatériau le plus utilisé en médecine. Son secret ? Il est composé de la même structure que l'os, ce qui permet de greffer un morceau de corail pour remplacer l'os manquant. En une année, le corail est « mangé » et remplacé par du tissu osseux tout neuf.

Fourmi de suture

Pour refermer les plaies, certains peuples utilisent toujours des fourmis soldats. On place l'insecte à cheval sur les bords de la plaie, de telle façon que ses mandibules accrochent chaque côté. Puis on leur coupe la tête, ce qui entraîne une contraction réflexe, et maintient l'« agrafe » en place.

Fais du bien à ton copain et tu te feras du bien !

C'est prouvé, nos animaux domestiques ont un effet bénéfique sur notre santé.

- **1 chat, 1 chien ou des poissons rouges**

1. Prends ton animal et... fais-lui un câlin en le caressant doucement.

2. Profites-en pour te détendre : tu te sens plus calme, ta tension baisse, tes petits soucis s'en vont...

3. D'après les médecins, 6 minutes de caresses ou 15 minutes de contemplation d'un aquarium par jour sont recommandés !

Les animaux qui aident

Grâce à leurs qualités, leur intelligence et leur dévouement, certaines espèces sont irremplaçables pour assister les hommes. On pense bien sûr au chien, mais il n'est pas le seul.

En cas d'avalanche, chaque minute compte. En 1 heure, un chien explore la même surface que 10 pisteurs en 10 heures.

Maître des moutons

Au fil des siècles, une sélection rigoureuse a permis de développer des races de chiens d'une grande efficacité, comme le border collie ou le berger des Pyrénées. Un manuel de 1576 précise que le chien doit « faire revenir les bêtes à l'endroit voulu sur un simple geste, un son de la voix ou un sifflement du berger ». Rien n'a changé depuis : un seul chien peut diriger un troupeau de plusieurs centaines de moutons, en guidant les meneurs et en ramenant les récalcitrants.

Des yeux pour deux

Le chien-guide d'aveugle, souvent un labrador, sait tout faire : éviter un obstacle, s'arrêter au bord du trottoir, surveiller les voitures ou la foule... Grâce au vocabulaire qu'il apprend de son maître, il peut aussi trouver un siège, une poubelle, un distributeur de billets...
Pour réussir ces prodiges, le chien est sélectionné tout petit pour son bon caractère et doit suivre un long entraînement. En France, on compte environ 15 000 chiens-guides, et 120 sont formés chaque année. Ils sont ensuite remis gratuitement, c'est la règle, aux non-voyants ou malvoyants qui en ont le plus besoin.

Les pigeons aussi !

L'US Navy a ouvert à Hawaï une école de pigeons destinés au sauvetage en mer. Ces oiseaux à la vue perçante sont dressés à associer certaines couleurs (rouge, jaune, orange : celles des canots de sauvetage) à des récompenses. Lors d'une mission de secours, on embarque un pigeon dans une bulle vitrée à bord d'un hélicoptère. Quand il repère un canot, l'oiseau appuie sur une pédale et reçoit une récompense. De nombreuses vies ont ainsi déjà été sauvées.

Deviens famille d'accueil

Les écoles de chiens-guides ont besoin de foyers prêts à accueillir un jeune chiot. Mais il faut avoir le bon « profil » !

1. On s'engage à respecter les consignes de l'école : l'éduquer avec patience, le familiariser avec la maison et avec l'extérieur.

2. Il faut aussi être très présent. Par exemple, le chiot ne doit pas rester seul plus de 3 heures par jour avant l'âge de 6 mois.

3. Il faut aussi l'amener à l'école une fois par mois pour des réunions de travail.

4. Au bout d'un an, il sera confié à un maître de chien-guide. Environ 6 mois plus tard, il sera remis à son nouveau maître.

Un flair très précieux

De nombreux chiens travaillent au quotidien auprès des hommes pour des missions très précises, faisant surtout appel à leur excellent odorat. En France, la police utilise 440 chiens de race, bergers allemands ou bergers malinois. Ils sont dressés à trouver de la drogue, des explosifs, à rechercher des personnes ou des corps. Mais les chouchous du public, ce sont les chiens d'avalanche. La Suisse est le pays champion pour le dressage de ces animaux, bergers allemands ou golden retriever pour la plupart.

Petites mains

Depuis les années 1980, on élève des capucins pour aider des personnes tétraplégiques (paralysées des 4 membres). Ce petit singe originaire d'Amérique du Sud, pas plus gros qu'un chat, est l'un des plus intelligents. Quand il atteint l'âge de 4 ans, commence son apprentissage qui dure 8 à 12 mois. Le capucin comprend les paroles de son maître et sait presque tout faire : ouvrir un réfrigérateur, prendre une bouteille, y glisser une paille et le faire boire, placer un livre sur un lutrin, allumer ou éteindre une lampe, etc.

Très agile de ses mains, le capucin est capable d'effectuer des gestes précis. Ce compagnon dévoué a une espérance de vie d'environ 40 ans.

Alliés de l'agriculture

On sait aujourd'hui que les pesticides et autres produits chimiques utilisés dans l'agriculture sont souvent très nocifs. Il existe des solutions plus écologiques : se servir de certains animaux pour en combattre d'autres.

Tuer dans l'œuf

À chaque parasite correspond une réponse précise, qui doit être apportée au bon moment. Par exemple, pour lutter contre la pyrale du maïs, un papillon dont les chenilles ravagent les cultures, on introduit très tôt dans la saison de minuscules insectes, les trichogrammes. Leurs larves se nourrissent des œufs de la pyrale, en évitant donc qu'ils éclosent. Et pour tuer les nématodes, des vers parasites, on peut compter sur certains champignons, capables de piéger les vers pour s'en nourrir, ou même de se nourrir de leurs œufs.

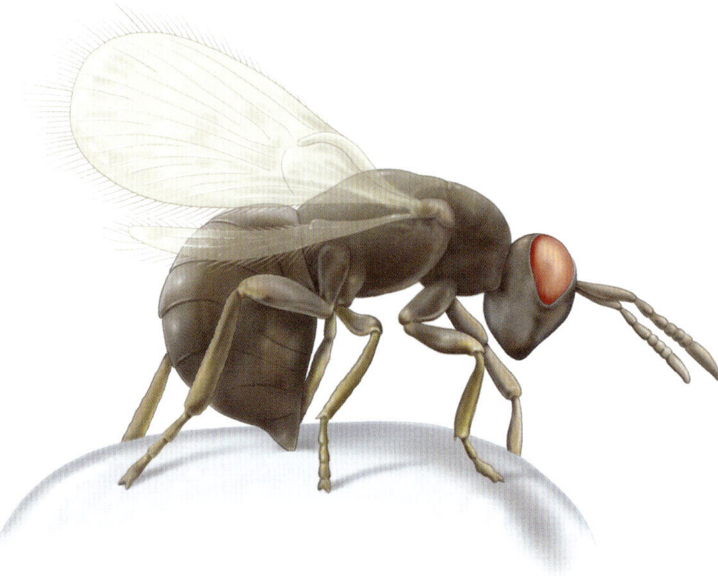

Pour les coccinelles, les pucerons gorgés de sève sucrée sont comme des bonbons !

Terreur des pucerons

Les pucerons, qui affaiblissent les plantes, sont un fléau pour les champs et les jardins. L'exemple le plus connu de lutte biologique est la coccinelle. Ce petit coléoptère carnassier dévore 60 à 100 pucerons chaque jour ! On peut acheter des larves de coccinelle en jardinerie, et certaines villes en distribuent à leurs habitants. En France, l'Institut national de la recherche agronomique (INRA), travaille à créer de nouvelles races, à la fois très voraces et incapables de voler pour éviter qu'elles se dispersent.

S.O.S. abeilles

Partout dans le monde, le nombre d'abeilles est en déclin. En Europe, entre 30 et 60 % des espèces seraient menacées. Les responsables ? Les pesticides utilisés dans les champs qui perturbent leur orientation et leur capacité à se nourrir. Il y a aussi des parasites venus d'ailleurs, comme le frelon asiatique qui s'attaque aux ruches, et le varroa, un acarien qui affaiblit les insectes. Problème : les abeilles sont indispensables à la pollinisation des plantes. Il est urgent d'agir, car sinon, de nombreuses plantes ne pourront plus être pollinisées pour produire des fruits.

La chrysope verte, facile à élever, possède une larve très active et vorace. En une heure, elle peut dévorer une trentaine de petites araignées rouges, des acariens parasites.

La confusion sexuelle

Autre moyen de lutter naturellement contre les parasites : les empêcher de s'accoupler. Dans les vignes, pour lutter contre le papillon cochylis, dont les larves font pourrir les grappes, on répand des phéromones, des molécules odorantes imitant celles produites par la femelle. Désorientés, 70 % des mâles ne parviennent pas à s'accoupler. Pour les viticulteurs, le coût est le même qu'avec un produit chimique, mais la protection dure toute l'année, et leur permet de produire du vin sans traces de pesticides.

Super ver de terre !

On ne le voit pas, mais il est partout. Le lombric est l'espèce qui « pèse » le plus lourd parmi l'ensemble des animaux vivant sur la planète ! Infiniment précieux, l'animal aère le sol et le remue jusqu'à 2 mètres de profondeur. En 2009, on a calculé en Irlande que les lombrics, en participant au labourage et en assurant l'enfouissement du fumier des bovins, ont une valeur économique supérieure à un milliard d'euros par an !

Les animaux d'élevage

Une force irremplaçable

En 2010, plus de 400 millions d'animaux de trait étaient utilisés en Asie, en Afrique ou en Amérique du Sud. Loin de diminuer, le nombre augmente régulièrement, car la force animale reste la solution la moins coûteuse pour les petits agriculteurs et les transports locaux.

L'homme a toujours cherché à améliorer ses races domestiques. C'est devenu aujourd'hui une technique hautement scientifique et parfois surprenante !

L'insémination artificielle

Dans les pays développés, la plupart des fermes ne possèdent plus d'animaux reproducteurs. Vaches, truies ou brebis sont inséminées artificiellement, avec du sperme prélevé sur des mâles issus d'élevages de reproduction. Il existe différentes manières d'améliorer une race : en se basant sur les qualités des parents, en croisant des races entre elles, ou même en étudiant une descendance sur plusieurs générations. La semence d'un mâle étant congelée, si ses qualités sont reconnues, il pourra continuer à se reproduire des années après sa mort.

La diversité génétique

Dans les années 1950, certains pensaient qu'il serait pratique d'élever seulement 2 races de vaches : une pour le lait et une pour la viande. Des races anciennes ont alors failli disparaître. Heureusement, on a fini par comprendre qu'elles étaient mieux adaptées à leur terroir que des « vaches standard ». Aujourd'hui, beaucoup de pays ou d'organisations entretiennent des lignées pures, issues d'une région particulière. Cela a permis de sauver de nombreuses races de chevaux, de vaches, de poules...

Les 4 champions

1 Le bœuf charolais
Originaire de Charolles (Saône-et-Loire), cette race connue depuis 1864 était autrefois très appréciée pour tirer les charrues. Très puissant, le taureau peut atteindre 1 500 kg et 3 m de tour de poitrail. Élevé désormais pour sa viande, le charolais s'est adapté à tous les climats. Les préférés sont les « culards », à croupe très large.

2 La vache hollandaise
Sa robe noire et blanche est célèbre dans le monde entier. Très robuste, elle pèse jusqu'à 700 kg. Grâce à l'élevage sélectif, sa production laitière moyenne a triplé depuis 1960, et atteint facilement 10 000 l par an. Le record connu est de 107 l produits en 24 h !

3 Le porc large white
Originaire d'Angleterre, ce cochon rustique à la peau rose et aux oreilles dressées est devenu la race la plus répandue dans le monde, appréciée pour sa croissance rapide et sa viande peu grasse. Le porcelet atteint 100 kg à 6 mois (en ayant absorbé 320 kg de nourriture), le mâle adulte, lui, peut dépasser les 500 kg.

4 Le mouton Suffolk
Il se reconnaît à ses pattes et son museau noirs. Créée en Angleterre au XVIIIe siècle, la race est utilisée un peu partout en croisement avec des brebis locales pour améliorer leurs agneaux. Une fois adulte, le bélier atteint en moyenne 130 kg, mais lorsqu'il a été castré (devenant un mouton), son poids augmente encore : le record est de 245 kg !

Emprunté aux animaux

Imiter la nature dans ce qu'elle sait faire de mieux : voici le principe qui guide des milliers de chercheurs à travers le monde. Et le résultat concret est déjà là, partout autour de nous !

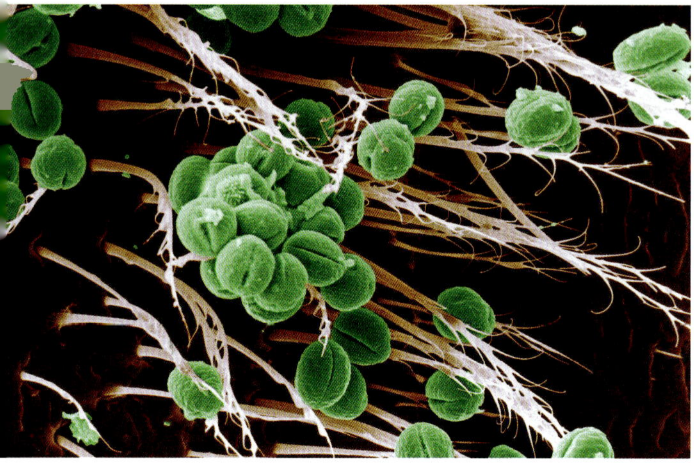

L'invention du microscope électronique a accéléré la recherche, en permettant d'examiner au plus près la structure des matériaux naturels.

Observer et comprendre

Clément Ader (1841-1925) élevait des chauves-souris dont il étudiait le vol. Pour construire en 1890 son premier « avion » (c'est l'inventeur du mot), il imita la forme de leurs ailes sans se soucier de stabilité ou d'aérodynamisme. Erreur, diraient les scientifiques actuels ! On ne doit pas imiter absolument la nature, mais comprendre les principes qu'elle emploie. Ensuite seulement, on peut chercher comment appliquer ces principes dans divers domaines technologiques. Et le champ d'observation est immense : chaque espèce est le fruit de millions d'années d'évolution.

Dur et mou à la fois

L'holothurie ou « concombre de mer », relativement molle, peut brusquement durcir son corps en cas de danger. De telles structures en gelée intéressent beaucoup les scientifiques, par exemple comme amortisseurs de chocs.

Colle magique

Pour s'accrocher aux rochers, la moule secrète une substance liquide capable de durcir ensuite sous l'eau en formant des fils entremêlés appelés « byssus ». Cette substance est l'une des colles les plus solides au monde, que les scientifiques s'emploient à imiter.

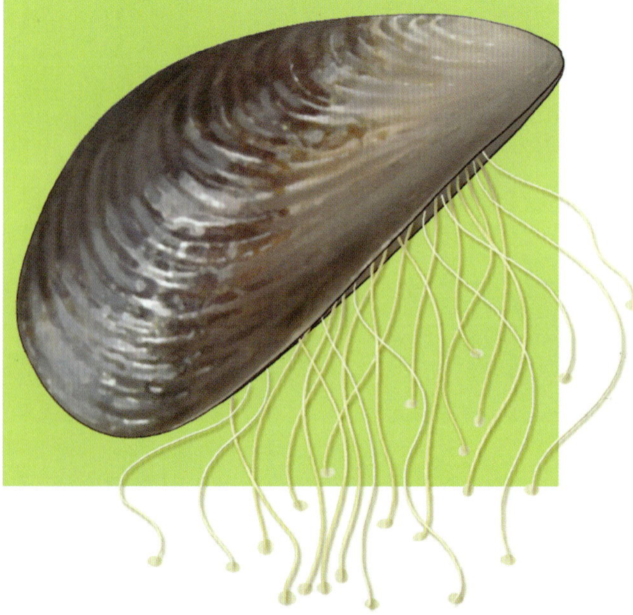

Du coquillage au blindage

Un scientifique a observé que la coquille d'ormeau est ultra solide, grâce à une structure faite de fines couches minérales et organiques collées en sandwich. En imitant cette structure avec de la céramique, il a obtenu un blindage utilisé désormais dans les chars d'assaut.

Manipulations génétiques

Aucun matériau synthétique ne peut rivaliser avec la soie de l'araignée : 2 fois plus solide que l'acier à diamètre égal, le fil peut être étiré jusqu'à 10 fois sa longueur. Un laboratoire de biotechnologie, Nexia, a réussi en 2001 à obtenir des chèvres porteuses d'un gène d'araignée, produisant dans leur lait des protéines de soie ! Depuis, la société commercialise le fil le plus fin et le plus résistant connu, qui sert par exemple à fabriquer des gilets pare-balles pour les militaires.

Secteur d'avenir

Cette science de l'imitation, appelée bionique, est en pleine expansion. Plus généralement, on parle aussi de biomimétisme : étudier les dispositifs naturels et les reproduire dans un but d'applications. Biologistes, chimistes, ingénieurs et bien d'autres travaillent en équipe sur une foule de sujets. Ils tentent par exemple de reproduire le mode de déplacement d'une bactérie, de créer des couleurs sans pigments à la manière des ailes de papillon, ou d'imaginer des produits adhésifs en s'inspirant des doigts du gecko, petit lézard grimpeur...

De l'oiseau au train

Le martin-pêcheur attrape des poissons en plongeant à grande vitesse dans l'eau. La forme effilée de son bec lui permet de provoquer le minimum de remous pour ne pas dissiper inutilement de l'énergie.

Les créateurs du Shinkansen, le train à grande vitesse japonais, se sont inspirés des formes de la tête et du bec de l'oiseau pour la dernière génération de ce train. Sa consommation électrique a baissé de 15 %, et quand le train entre à 350 km/h dans un tunnel, la pression de l'air et le bruit sont réduits de 30 % !

Si tu sais prendre soin de tes visiteurs, ils deviendront fidèles à ton jardin. Les observer chaque jour, quel bonheur !

Accueillir des

Tu rêves de faire de ton coin de nature une miniréserve naturelle ?
Avec de simples astuces, plein d'espèces sauvages s'inviteront chez toi.

animaux

Tous bienvenus !

Les animaux ne s'installent pas n'importe où : ils aiment vivre dans des endroits « tout confort ». Attire-les en respectant quelques règles de bon sens.

Pas besoin d'utiliser de produits chimiques pour limiter les mauvaises herbes. On peut par exemple pailler avec les déchets de la tonte de la pelouse, comme ici. Et dans un jardin nature, les animaux seront plus nombreux !

Halte aux produits chimiques !

Désherbants, fongicides, pesticides : pour se débarrasser des mauvaises herbes, des champignons ou des insectes nuisibles, de nombreux jardiniers emploient des produits chimiques. Alerte ! Ils sont nocifs pour le sol, les cours d'eau, les animaux (domestiques et sauvages), et l'homme. Avec les astuces d'un bon manuel de jardinage écolo, il est facile de les supprimer. Fais passer le mot !

Un milieu riche

Pour accueillir toutes sortes d'animaux dans son jardin, il faut accepter qu'il soit un peu sauvage, avec des micromilieux (tas de bois, de feuilles mortes, hautes herbes, point d'eau...) où ils trouveront nourriture et abri. Côté flore, les animaux apprécient les espèces variées et locales. Tu as plus de chance de voir des oiseaux dans un néflier (un arbuste fruitier robuste et ancien) que dans un bananier, aussi beau soit-il !

Les bonnes plantes

Voici quelques arbustes et fleurs qui feront de toi un ami des animaux.

- **Le tournesol**
Ne le coupe pas après la floraison : les oiseaux se régalent de ses graines.
- **Des plantes aromatiques**
Les papillons butinent le thym, la verveine, la lavande… Elles sont faciles à installer dans des pots sur un balcon.
- **Le lierre**
Il faut le surveiller car il est envahissant. Mais il abrite des nids d'oiseaux, des papillons qui hibernent. À laisser grimper sur un vieux mur ou un arbre mort.
- **Les arbustes à baies**
Sorbier, sureau noir, églantier, aubépine, prunellier produisent des fruits appréciés des oiseaux.

lavande

Place aux herbes folles

Du point de vue de la botanique, les mauvaises herbes, ça n'existe pas ! Et ces plantes adventices (leur nom exact) sont précieuses pour les petits animaux. De nombreux papillons pondent sur les feuilles d'ortie, les oiseaux aiment picorer le plantain... La bonne idée, c'est de laisser un petit coin du jardin aux herbes folles, par exemple le long d'un mur de clôture ou autour d'un grand arbre. Si on ne veut pas qu'elles se répandent, on évite juste de laisser les plus envahissantes monter en graine.

Une pelouse rase et traitée, une allée de goudron, une haie constituée d'une seule variété végétale : on ne verra pas d'animaux ici !

Sème une prairie fleurie

Des fleurs mélangées qui se balancent au vent, c'est beau et utile pour les insectes pollinisateurs (papillons, abeilles...)

- **des outils de jardinage (pelle, râteau)**
- **du sable sec**
- **du terreau**
- **des graines pour prairie fleurie (en jardinerie). Compte 5 g de graines par m², et préfère des vivaces (qui repousseront)**

1. Choisis un coin du jardin exposé au sud, abrité et qui ne sera pas piétiné.

2. À l'automne, prépare le sol : retourne la terre et arrache les herbes folles à la main. Ratisse pour égaliser. Attends une semaine, le temps de laisser pousser les dernières plantes adventices (à arracher aussi).

3. Ajoute à tes graines 3 fois leur volume de sable sec, mélange. Sème, recouvre d'une fine couche de terreau et arrose légèrement au jet.

4. Maintiens l'humidité pendant les semaines qui suivent, puis laisse dormir tes graines l'hiver.

5. L'été suivant, tu observeras plein d'insectes et tu feras de beaux bouquets !

Gare aux dangers !

Ton jardin est un univers où tu te sens parfaitement en sécurité. Mais à hauteur d'animal, il peut recéler de nombreux pièges, parfois mortels. Élimine-les !

Engins coupants

C'est ton tour de tondre la pelouse ? Commence toujours par le centre pour laisser le temps aux petites bêtes de s'échapper. Et même si ce n'est pas toi qui manie le taille-bordure ou la débroussailleuse, prends quelques minutes avant leur passage pour inspecter les bosquets et t'assurer par exemple qu'un hérisson n'est pas à portée de l'engin. Un tas de feuilles à brûler ? Retourne-les doucement pour vérifier qu'un animal ne s'en sert pas de cachette.

Tigre de jardin

Ton chat est un chasseur-né ! Inutile d'essayer de lutter contre sa nature. Mais pour donner une chance à ses proies, mets-lui un collier avec un grelot. En l'entendant arriver, les oiseaux, les rongeurs et les reptiles auront le temps de se sauver.

Les filets que l'on installe sur les arbustes fruitiers pour les protéger des oiseaux peuvent les tuer. Il faut vérifier souvent qu'une victime ne s'y est pas prise !

Les périls du terrain

Toutes les ouvertures sont potentiellement dangereuses pour la faune sauvage. Les tuyaux d'évacuation, les puits, les soupiraux de cave doivent être fermés par des grilles fines. De même, il faut reboucher les trous où des animaux pourraient tomber sans pouvoir remonter. Enfin, mieux vaut ne pas laisser traîner d'objets tels que des sacs en plastique, des boîtes de conserve, des bouteilles dans lesquels ils pourraient mettre le nez ou entrer et mourir étouffés... Pense aussi à relever ton filet de tennis : ses mailles peuvent retenir et blesser un animal.

Empêche les oiseaux de se cogner aux vitres

Évite les collisions mortelles en collant sur tes vitres des silhouettes de rapaces.

- **du film électrostatique transparent (non collant, repositionnable à l'infini)**
- **des photos de rapaces ou de chauves-souris**
- **1 marqueur permanent à pointe fine**
- **des ciseaux**

1. Trouve une photo d'animal à la silhouette bien visible. Place le film sur la photo et reporte le contour de l'animal au feutre permanent.

2. Découpe le film.

3. Place la silhouette sur une fenêtre, sur la véranda. Les oiseaux ne la percuteront plus car ils seront avertis de sa présence.

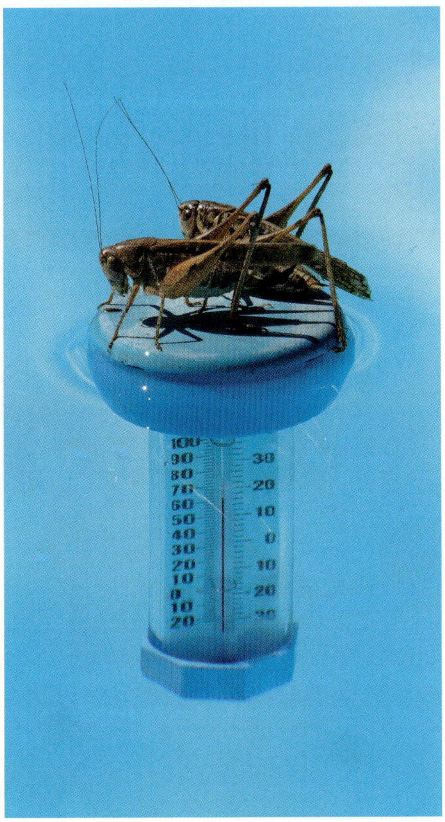

Mais comment sortir de la piscine ? Les criquets ne savent pas nager !

Spécial piscine

Il n'est pas rare, en nageant dans une piscine privée, de tomber sur un lézard ou un gros insecte noyé. Les bords représentent pour les animaux des parois verticales et parfaitement lisses. Il leur est impossible de remonter ! Pour limiter les noyades, voici 2 astuces très simples : placer une planche qui servira de rampe au niveau des escaliers, ou installer un grillage fin à différents endroits sur les bords de la piscine.

Plantes toxiques

Certaines plantes sont de véritables poisons mortels à petites doses. C'est le cas de l'if et du laurier-rose. Un animal peut s'intoxiquer rien qu'en buvant dans un récipient où sont tombées des feuilles de laurier-rose !

Étape oiseaux

Les oiseaux trouvent de moins en moins d'endroits où élire domicile. Chouchoute-les ! En échange, ils seront utiles à ton jardin en picorant les insectes parasites.

Saison critique

Il n'y a plus d'insectes, le sol est dur, les jours sont courts. En hiver, les oiseaux ont du mal à trouver de la nourriture. Or, des passereaux tels que le rouge-gorge et la mésange bleue ont besoin, pour maintenir leur température corporelle, de manger environ 1/3 de leur poids chaque jour. Aide-les ! Mais attention : si tu commences à nourrir les oiseaux, tu dois t'engager à le faire jusqu'au printemps. Arrêter en plein froid serait les condamner à mort.

À chaque espèce d'oiseau correspond un nichoir adapté. On peut acheter ces nids dans le commerce ou même les fabriquer.

Fabrique des pommes de pin à picorer

Les oiseaux raffolent de la graisse et des graines. Fais-leur plaisir avec cette recette délicieuse et toute simple.

- **de la ficelle**
- **des grosses pommes de pin**
- **des graines variées pour oiseaux**
- **du beurre de cacahuète**

1. Attache une ficelle aux pommes de pin.

2. Étale dessus une couche de beurre de cacahuète.

3. Verse une couche de graines dans un plat et roule les pommes de pin dedans.

4. Suspends ces friandises par leur ficelle dans les arbres.

En hiver, n'oublie pas d'offrir chaque jour à tes protégés un récipient contenant 3 cm d'eau tiède : vital pour boire et faire leur toilette.

Le menu des oiseaux

• Bon
- Les graines de tournesol (très nutritives et consommées par de nombreuses espèces)
- Les grains d'avoine, de millet
- Le saindoux et la margarine
- Les fruits secs (noisettes, noix) concassés
- Une pomme coupée en 2

• En petites quantités
- Le riz et les pommes de terre cuites
- Le pain finement émietté, les gâteaux rassis
- Le fromage doux desséché

• Très mauvais
- Le sel. On peut donner du lard et des cacahuètes, mais jamais salés !
- Tout ce qui est épicé
- Le lait
- Le pain en gros morceaux (il gonfle dans l'estomac des petits oiseaux)
- Les larves de mouches (asticots)

Nourrissage, mode d'emploi

Dès les premières gelées, place plusieurs mangeoires au jardin, dans des endroits abrités et hors de portée des prédateurs. Le matin et en fin d'après-midi, mets-y de la nourriture variée, en petite quantité. Ne laisse pas d'aliments humides ou moisis à disposition des oiseaux : cela les rendrait malades ! Nettoie les mangeoires si elles sont souillées par des déjections, et à la fin de la saison pense à les désinfecter. Enfin, range-les jusqu'au prochain hiver.

P'tits nids douillets

Dès l'arrivée des beaux jours, les oiseaux trouvent à nouveau des vers, des insectes, des petits fruits... Arrête progressivement de les nourrir : ce que tu leur a donné en hiver est trop gras désormais et ne conviendrait pas aux oisillons. Tu peux quand même les aider en installant des nichoirs au jardin. Les oiseaux cherchent des matériaux chauds et douillets pour garnir leurs nids : n'hésite pas à abandonner dans la haie des brins de laine, les poils de ton chien... ou tes cheveux !

Histoires de mangeoires

Tous les oiseaux ne se nourrissent pas de la même façon.

• La mangeoire-plateau attire les espèces habituées à se nourrir au sol : rouge-gorge, accenteur mouchet, pinson des arbres. À placer assez bas, dans un endroit sans chat.

mangeoire-plateau

• La mangeoire-perchoir est fréquentée par les mésanges, les moineaux, les sittelles torchepot, les chardonnerets... Pratique, tu peux la remplir une bonne fois !

• Pour faire le bonheur des merles, des grives et des tourterelles, jette des graines et des morceaux de fruits directement au sol.

mangeoire-perchoir

Le lézard vert est un superbe reptile, qui mesure près de 40 cm. En voir un, quelle chance !

Vive les reptiles !

Propres et silencieux, les reptiles sont des voisins discrets. Ils contribuent aussi à réguler les populations d'insectes et de rongeurs. Fais-leur une petite place !

Même pas peur...

Beaucoup d'entre nous ressentent de la répulsion envers les serpents. Pourtant, ces animaux fuient dès qu'ils sentent une présence, et bien peu sont dangereux. Les couleuvres sont totalement inoffensives car elles n'ont pas de crochets. Quant aux vipères, elles sont plus rares et n'attaquent que si elles sont directement menacées. Il existe un risque infime que tu marches sur l'une d'entre elles en balade. Mais en été, porte par précaution des bottes dans les terrains herbeux, et ne soulève pas les pierres.

À retenir

- Les vipères ont un corps moins effilé, et sont en général plus petites. Un serpent de plus de 1 m est forcément une couleuvre.
- Les vipères n'aiment pas l'eau, contrairement aux couleuvres.

Qui est qui ?

Différencier une couleuvre d'une vipère, c'est facile… si elle te laisse le temps de bien la voir avant de filer !

Reptiles d'ici

En France, toutes les espèces sont protégées. Interdiction absolue de leur faire du mal !

• **La couleuvre à collier** est le serpent le plus commun de l'Hexagone. Grise ou brune, elle a un collier blanc souligné de noir, plus ou moins marqué.

• **La couleuvre vipérine** vit près de l'eau. À cause de sa tête triangulaire, on la confond souvent avec une vipère.

• **Le lézard des murailles** habite les vieux murs, les tas de pierres, les carrières…

• **Le lézard des souches** est massif. Les mâles sont verts, les femelles gris-brun tachetées de noir.

Assez courant, l'orvet est un lézard sans pattes.

Lézards filants

S'il y a chez toi un mur avec des interstices, si tu installes un petit tas de sable au jardin… Tu vas sans doute voir le bout de la queue des lézards ! Bien camouflé par sa couleur verte, grise ou brune, le lézard des murailles est le plus commun. Gobeur d'insectes, il passe la belle saison à chasser et l'hiver à dormir. Il est facile à observer, mais difficile à approcher. Sa queue est détachable (pour faire diversion s'il est attaqué), mais elle ne repousse qu'une fois !

Offre un lieu de ponte aux lézards

Très facile à fabriquer, cet abri accueillera les lézards, qui viendront aussi y pondre leurs œufs.

- **du sable**
- **des feuilles mortes**
- **des pierres de différentes tailles**

1. Creuse un trou d'environ 20 cm dans un coin ensoleillé du jardin.

2. Remplis-le de sable mêlé à des feuilles mortes. Forme un dôme s'élevant à environ 10 cm au-dessus du sol.

3. Place des pierres sur le tas de sable, en commençant par la plus grande, et en faisant en sorte qu'il y ait des interstices entre elles. Cet empilement, bien orienté et plein de cachettes où se faufiler, va plaire aux lézards.

Autres copains du jardin

Le hérisson possède 6 000 piquants environ.

Plein de petites bêtes sont prêtes à cohabiter avec toi, en s'installant parfois dans de drôles d'endroits de ta maison. Découvre ces squatters sympas !

Boule de piquants

Le hérisson a parfois du mal à trouver un lieu de vie. Il a besoin de feuilles mortes pour construire son nid, et les proies se font de plus en plus rares à cause des pesticides. Pourtant, c'est un ami du jardinier : nocturne (et bruyant !), il dévore les escargots, les limaces, les larves de coléoptères, les perce-oreilles... Il vient te rendre visite ? Observe-le et respecte ses besoins de petit sauvage.

Un hérisson heureux

- Ne lui donne jamais de lait (il peut en mourir). Laisse-lui une coupelle d'eau en été.
- Les premiers ennemis mortels des hérissons sont les produits antilimace. À bannir !
- Deuxième danger fatal : la route. Les clôtures côté rue doivent être infranchissables.
- Ne le rends pas dépendant de toi pour se nourrir. Fais plutôt en sorte que ton jardin lui fournisse naturellement des proies (dans une haie variée, une prairie fleurie…)
- Le hérisson fait ses réserves pour hiberner. Mais s'il pèse moins de 450 g, il ne survivra pas. C'est parfois le cas des jeunes de l'année ou des vieux hérissons. Dans ce cas seulement, aide l'animal en lui offrant en automne des croquettes pour chat.

Un hôtel à chauves-souris

Les chauves-souris ne se prennent pas dans les cheveux et ne font pas de dégâts (seulement un peu de bruit et de crottes parfois). Chacune d'entre elles gobe chaque nuit 1/4 de son poids en insectes. La plus courante en France est la pipistrelle commune, qui ne mesure pas plus de 4 cm. En été, elle occupe les fentes des murs, se réfugie sous les tuiles, derrière les volets... en ville comme à la campagne.

Tout l'hiver, la colonie de pipistrelles dort dans un lieu humide. En été, les chauves-souris adorent se chauffer sur les vieux murs.

La paix, les rongeurs !

Les rats et les souris grises ne sont pas les bienvenus chez toi (ils grignotent tout et ne sont pas très propres). D'autres s'abritent parfois des frimas de l'hiver dans les granges ou les caves : le loir, le lérot, le mulot sylvestre, le campagnol roussâtre. Ces touristes ne font que passer et rejoignent au printemps leur habitat naturel : le verger ou la forêt.

Le crapaud commun aime les endroits humides et sans pesticides. D'un grand coup de langue collante, il attrape les mouches, les moustiques... Slurp !

En bas, le loir, en haut le lérot avec ses lunettes noires.

Construis un « nichoir » à hérisson

Il servira à l'animal pour hiberner ou faire ses petits. Pour cette activité, demande l'aide d'un adulte bricoleur.

- **du bois non-traité**
- **des outils de bricolage**
- **des feuilles mortes et des branches**

1. Fabrique une boîte en bois de 40 cm x 40 cm de côtés, et de 30 cm de hauteur environ. Elle doit comporter une entrée de 10 cm de largeur maximum.

2. Installe ta boîte garnie d'herbes sèches sur un sol sec, dans un endroit tranquille, protégé du froid et du soleil.

3. Recouvre-la de branches et de feuilles mortes, pour l'étanchéifier.

4. Ne dérange pas le sommeil de ton locataire ! Tu le verras sortir du nichoir au printemps.

Les enquiquineurs

Il y a ceux qui piquent, ceux qui volent dans nos placards, ceux qui font pipi partout… Au secours ! Apprends à tenir éloignés ces visiteurs embêtants.

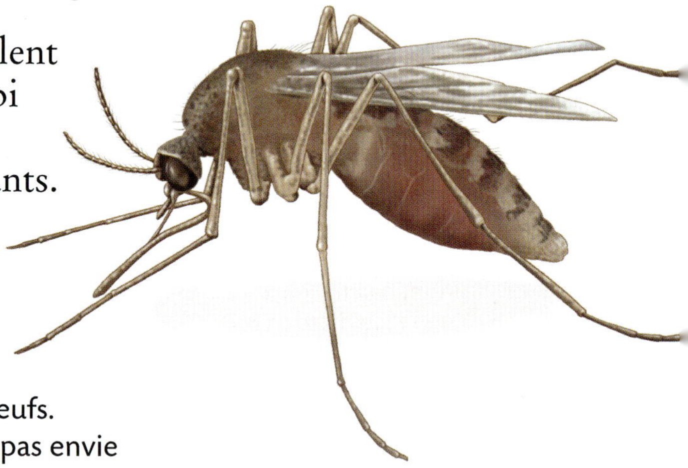

Bzzzzz...

Pas de doute, il y a un moustique dans ta chambre. En fait, il s'agit d'une femelle : elle seule pique, car elle a besoin de sang pour produire ses œufs. Le mâle, inoffensif, butine les fleurs. Tu n'as pas envie qu'elle te gâche la nuit ? Utilise les trucs « bio » plutôt que les insecticides à pulvériser ou à brancher. Ils empoisonnent les moustiques... mais toi aussi, tu respires cet air « empoisonné » !

Les larves de ces mites ont fait plein de trous dans ton vêtement pour se nourrir de laine !

Les casse-pieds des placards

Des papillons beiges qui s'échappent des placards de la cuisine ou de ton armoire ? Ce sont sûrement des mites ! Pas si facile de s'en débarrasser une fois qu'elles sont installées. Agis auparavant : la pyrale de la farine (mite alimentaire) déteste l'odeur de laurier frais, d'écorce de citron, de bois de tilleul. La teigne des vêtements (mite de la laine) restera loin de tes pulls si tu mets des sachets de lavande ou du bois de cèdre dans tes armoires. Mmm ! en plus, ça sent bon...

Envahissante petite souris

Elle se glisse partout et peut avoir jusqu'à 70 petits par an. Indices de présence : elle grignote tout, fait des petites crottes noires, et borne son territoire avec son urine qui sent très fort. La meilleure solution : un piège qui l'attrape sans la tuer. Relâche-la ensuite dans la nature. Tu peux trouver cet objet en vente sur le site Internet de la Protection mondiale des animaux de ferme (PMAF).

Lance un plan antimoustique

Défends-toi passivement... ou attaque carrément !

Répands des odeurs répulsives

1. Plante des clous de girofle dans une orange et place-la dans ta chambre.

2. Pose ces plantes sur le rebord de tes fenêtres : géranium, basilic, citronnelle (ou bien verveine citronnelle, mélisse citronnelle…).

Fabrique un piège

- **1 récipient de 30 l environ**
- **1 couvercle foncé**
- **de la terre et des plantes aquatiques (nénuphar, jacinthe d'eau)**
- **2 poissons : guppies ou gambusies**

1. Place de la terre propre au fond du récipient.

2. Verse de l'eau, mets les plantes aquatiques et les poissons.

3. Recouvre à moitié le récipient avec le couvercle.

4. Les moustiques vont venir pondre dans ton piège… Les poissons carnassiers se régaleront de leurs larves !

Les casse-pieds du jardin

Zut ! Des pucerons sur les rosiers ! Il suffit de pulvériser, à quelques reprises, de l'eau tiède mélangée à du savon noir ou du savon de Marseille pour les voir disparaître. Pour les escargots et les limaces qui grignotent les salades, il existe aussi une solution simple et naturelle : créer une barrière autour du potager avec de la pouzzolane, une roche volcanique irrégulière sur laquelle les gastéropodes détestent s'aventurer. Ça marche !

Les insectes entrent dans la maison… Adopte cette vieille astuce : plante de la tanaisie au jardin, puis fais-en de gros bouquets à suspendre la tête en bas à l'intérieur.

S.O.S. animal blessé

En promenade ou dans ton jardin, il t'arrivera peut-être de trouver un animal en mauvaise posture. Tu veux le sauver ? Apprends d'abord les bons réflexes...

Reste calme

Premier conseil : rester tranquille. Les animaux sauvages ont très peur de l'homme. Des cris ou des mouvements brusques pourraient provoquer une crise cardiaque chez certains sujets. Alors pas question que toutes les personnes présentes défilent pour regarder l'animal !
Tous les sauveteurs l'affirment : plus l'animal est au calme, meilleures sont ses chances de survie.

Les jeunes grives, merles, étourneaux quittent le nid avant de savoir bien voler. Ils sont alors nourris au sol par leurs parents. Regarde s'ils ne sont pas par là avant d'intervenir.

Ne le touche pas !

Un animal sauvage peut être porteur d'une maladie transmissible à l'homme. Avant de l'approcher, il faut mettre des gants ou l'envelopper dans une couverture. Ne le saisis jamais à mains nues, même si cela te fait envie. Ne tente pas non plus de soigner l'animal toi-même. Dès que possible, appelle un vétérinaire ou un centre de secours (voir encadré), qui sauront te guider.

Qui contacter ?

D'abord, le vétérinaire de garde. Il agira lui-même, ou t'orientera vers un centre de secours d'animaux sauvages. En France, il en existe 41, affiliés à l'Union française des centres de sauvegarde de la faune sauvage (UFCS). Ils recueillent les animaux sauvages blessés, malades ou mazoutés, pour les soigner avant de les relâcher dans leur milieu naturel.
Tu trouveras leurs coordonnées sur le site : http://uncs.chez.com.

Ne le gave pas

Vouloir lui donner des forces, c'est gentil... Mais c'est une erreur. Il ne faut jamais forcer un animal blessé ou malade à manger ou à boire. Et surtout : ne pas donner de pain à un oiseau car il gonflerait dans son estomac. En revanche, tu dois laisser de l'eau à disposition des petits oiseaux et des mammifères, et un peu de viande crue pour les rapaces et les mammifères carnivores.

S'il est blessé ?

Si l'animal a une plaie visible, nettoie-la (en portant des gants) avec un antiseptique local (Bétadine ou Mercryl, des produits qui ne piquent pas) en la tamponnant très légèrement. Si l'aile d'un oiseau est cassée, maintiens-la à l'autre partie avec du ruban adhésif ou, mieux encore, avec une bande auto-adhésive (type Vetrap) qui n'adhère pas aux plumes. Mais n'utilise pas de sparadrap, beaucoup trop collant !

Jusqu'à 60 % des animaux recueillis dans les centres UFCS pourront être soignés et relâchés.

Fabrique un abri pour un animal blessé

À l'intérieur, isolé dans sa « bulle », il attendra tranquillement les secours.

- **1 carton**
- **du papier journal**
- **des ciseaux**

1. Avec les ciseaux, perce des petits trous d'aération dans le carton.

2. Couvre le fond avec quelques feuilles de journal froissé : cela isole, absorbe les déjections. Un oiseau y trouvera aussi un point d'appui pour ses ailes.

3. Pour le mettre dans le carton, recouvre l'animal d'un tissu et porte des gants. Méfie-toi des serres d'un rapace ! Si c'est un échassier (héron, cigogne...), maintiens sa tête avec une main pour te protéger des coups de bec. Hérisson, écureuil, fouine peuvent aussi mordre très fort.

4. Ferme le carton. S'il faut attendre, place-le dans une pièce calme et tempérée (20 °C).

Avec un animal, tu vis une relation unique. Et il ne peut compter que sur toi pour faire son bonheur !

Chouchouter

On peut tomber « raide dingue » d'un chat, d'un chien, mais aussi d'un poisson ou d'un iguane ! Quel que soit son animal favori, il faut d'abord chercher à le comprendre pour lui offrir une longue et heureuse vie.

son animal

Quel animal pour toi ?

L'arrivée d'un animal concerne toute la famille. Ensemble, il faut d'abord se poser les bonnes questions, pour ne jamais avoir de regret ni rendre un animal malheureux.

Un engagement pour longtemps

Un animal de compagnie apporte une présence amicale et partage jeux et câlins. Mais qui le sortira ou changera la caisse tous les jours ? Qui l'emmènera chez le vétérinaire ? Qui paiera la nourriture et les frais ? Et qui s'en occupera pendant les vacances ? C'est parce que trop de personnes oublient de se poser ces questions que des milliers d'animaux sont abandonnés, surtout après les fêtes de Noël ou au début de l'été.

Depuis les années 1990, la population des chats en Europe a dépassé celle des chiens, et l'écart continue de se creuser.

Le bon profil

Pour t'aider à choisir, interroge les personnes de ton entourage qui ont un animal : elles pourront te parler de son caractère et de ses besoins quotidiens. Un chat, par exemple, est plus indépendant qu'un chien et tu n'arriveras jamais à le dresser. Que tu rêves d'un lapin, d'un furet ou d'une tortue, documente-toi en lisant des livres, en consultant des sites Internet. Plus on connaît son futur compagnon, mieux on saura l'aimer !

Les chouchous des Français

En 2012, la France comptait 62 millions de chiens, chats, oiseaux, poissons et petits rongeurs domestiques. Les plus nombreux étaient les poissons (34 millions), suivis par 11,5 millions de chats, 7,5 millions de chiens, 6,5 millions d'oiseaux et 2,5 millions de rongeurs.

Ailleurs dans le monde, des enfants ont des animaux familiers qui nous paraissent surprenants, comme ce jeune australien avec ce bébé kangourou !

Certains préfèrent posséder un animal exotique qui fait partie des NAC (nouveaux animaux de compagnie). Mais pour que l'animal soit bien, il faut être capable de recréer son milieu naturel !

Mâle ou femelle ?

Si tu ne comptes pas faire se reproduire tes animaux domestiques, le sexe importe peu. Chez les chats et les chiens, le mâle est souvent un peu plus massif que la femelle. Cette dernière est aussi réputée plus douce et affectueuse, tandis que le mâle a l'âme plus vagabonde. Mais quand il s'agit d'animaux castrés ou stérilisés, le comportement est le même entre les 2 sexes.

Attention aux allergies !

En France, près de 3 personnes sur 100 sont allergiques à certains animaux. On a les yeux et le nez qui coulent, on éternue, on risque même parfois un grave malaise. Les chats en sont la cause principale : ils répandent sur leurs poils en se léchant une protéine allergène que produit leur peau. Mais on peut aussi être allergique aux chiens, aux lapins, aux cochons d'Inde, aux animaux de ferme et même aux daphnies séchées, de minuscules crustacés qui servent à nourrir les poissons rouges !

Calcule son budget mensuel

Voici des indications de coût pour un chat ou un chien. À toi de chiffrer chaque ligne, si possible en famille :

• **papier, crayon**

1. Nourriture : 25 € par mois minimum. Avec des extras, 35 à 45 €.

2. Litière (pour chat) : entre 5 € et 15 € par mois selon la qualité.

3. Vétérinaire. Tatouage ou puçage : 50 € environ. Stérilisation : 50 € (mâle) à 120 € (femelle). Vaccin et visite annuelle : 50 €.

4. Accessoires : corbeille, brosse, peigne ou collier antipuce, jouets... Ici, la somme peut beaucoup varier.

5. Frais divers : garde (5 à 10 €/jour), voyage, toilettage (25 à 40 €), etc.

6. À combien s'élève en moyenne 1 mois de dépenses ? Additionne les lignes pour obtenir le total.

Où le trouver ?

Tu peux acheter un animal ou l'adopter gratuitement. Mais dans tous les cas, il y a certaines règles de bon sens à respecter.

Souvent, on trouve chez les vétérinaires des annonces de chatons ou de chiots à adopter.

Le bouche à oreille

De nombreux chiots et chatons sont offerts par petites annonces. Un ami a un voisin dont la chienne vient d'avoir une portée, on a vu la photo d'un mignon chaton à la boulangerie... Assure-toi que l'animal est correctement sevré : il doit rester au minimum 8 semaines avec sa mère. L'idéal, c'est 10 à 12 semaines, pour qu'il ait le temps de se détacher progressivement d'elle et de ses frères et sœurs, et de se forger un caractère bien équilibré.

Sur l'île de la Cité à Paris, un grand marché aux oiseaux a lieu chaque dimanche. Une occasion de voir de superbes spécimens, au milieu des pépiements !

En animalerie

La vente d'animaux en magasin est une profession très réglementée, et la plupart des établissements sont bien tenus. Vérifie d'abord que les pensionnaires vivent dans de bonnes conditions, qu'aucun n'est sale, délaissé, malade... Si tu achètes un animal, son origine et ses caractéristiques (sexe, date de naissance, tatouage) doivent être précisées sur l'attestation de vente.

Non au trafic !

Méfie-toi des petites annonces sur Internet et dans la presse. Pour les races les plus recherchées (qui peuvent se vendre plus de 2 000 €), il existe un trafic de chiens et de chats. N'achète jamais un animal à quelqu'un qui te l'amènerait à domicile, qui exigerait d'être payé en liquide ou qui n'aurait pas de papiers en règle concernant l'animal.

Choisis ton copain

Ils te feraient tous craquer... Mais comment trouver le bon ? Voici quelques indices pour deviner le caractère de chacun :

• 1 chaton

1. Soulève doucement le chaton par la peau du cou : il doit se laisser faire et détendre son corps.

2. S'il vient vers toi tranquillement, c'est bon signe. S'il joue, c'est encore mieux.

3. Prends-le dans tes bras et caresse-le doucement. Il se sent en confiance et ronronne ? C'est un bon présage !

• 1 chiot

1. Place le chiot sur le dos et maintiens-le doucement mais fermement. S'il a bon caractère, il se débattra quelques secondes avant de se laisser faire.

2. Il cherche à venir vers toi le premier ? C'est un dominant qui aura besoin d'un maître plutôt autoritaire.

3. Il est un peu isolé, reste en arrière ? C'est plutôt un dominé qui aura un caractère plus doux et plus tranquille.

Chez un éleveur

Si tu recherches une race précise de chien ou de chat, ou un animal rare, mieux vaut contacter un éleveur. En consultant des magazines spécialisés ou des sites d'associations, tu trouveras sûrement une adresse près de chez toi. Il faut bien sûr aller sur place avec tes parents, pour rencontrer la personne, observer l'élevage, et prendre le temps de poser des questions.

Et si tu faisais une bonne action ?

Tu as envie d'offrir une nouvelle vie à un chien ou un chat chiffonnés par la vie ? Adoptes-en un, dans un refuge de la SPA ou d'une autre association. Tu auras un super copain, et tu aideras aussi les bénévoles qui recueillent ces animaux et leur évitent le pire. En général, on te réclamera une petite somme forfaitaire (de 40 à 80 € en moyenne), incluant les frais de vaccination et de stérilisation.

Dans un refuge, tu rempliras une fiche d'adoption, en t'engageant sur l'honneur à prendre soin de ton nouveau compagnon.

Ton chat est capable de rester des heures à l'affût avant de passer subitement à l'attaque !

Toi, mon chat

En Europe, il a déjà conquis plus d'un foyer sur 4. Mais si le chat est réputé facile à vivre, n'oublie pas que c'est aussi un petit félin qu'il faut savoir écouter.

Au bon accueil

Un chaton s'habituera souvent en 24 heures à une nouvelle maison, tandis qu'un chat adulte aura besoin de quelques jours. Dans tous les cas, respecte d'abord sa tranquillité et laisse-le inspecter à son rythme chaque recoin de son nouveau territoire. Si tu le sens en confiance, parle-lui avec douceur, invite-le à jouer ou caresse-le. Mais s'il remue la queue ou essaie de s'enfuir, n'insiste pas ! Laisse-lui du temps, et peu à peu il comprendra ainsi que tu es un ami.

Les besoins du chat

Un chat ne réclame pas d'être sorti comme un chien, et se fait en général plus discret dans une maison. À toi pourtant de veiller à son bien-être. S'il passe la journée seul, surtout enfermé dans un appartement, fais-le jouer un petit moment quand tu reviens de l'école. Le chat a aussi horreur du bruit ou des gestes violents, et ne doit pas être dérangé quand il dort. Côté repas, ce fin gourmet déteste la nourriture trop froide et les gamelles sales. Quant à sa litière, elle doit être changée régulièrement.

Fabrique une boîte à surprises pour ton chat

Même adulte, il a besoin de se défouler en jouant !

- **1 boîte à chaussures**
- **des ciseaux**
- **du ruban adhésif**
- **des petits objets divers**

1. Avec les ciseaux, découpe dans la boîte et son couvercle 3 ou 4 trous d'environ 2,5 cm de diamètre.

2. Mets dans la boîte un tas de petits objets : bouchons, balles, boules de papier ou d'aluminium, vieux crayons, petite peluche usée, etc.

3. Referme la boîte, et fixe le couvercle avec le ruban adhésif pour qu'elle ne risque pas de s'ouvrir.

4. Lance la boîte à ton chat. Le bruit l'intrigue, puis il glisse une patte dans un trou… Et c'est parti pour des heures d'amusement !

Deux chats en lui

Si tu as un jardin, tu peux facilement le constater : dès qu'il est dehors, ton gentil minou redevient un terrible chasseur ! Il saurait très bien survivre dans la nature, tout comme les chats « harets », ces chats errants redevenus à demi-sauvages et qui causent des ravages parmi les oiseaux, les petits mammifères ou les reptiles... Par précaution, rentre ton chat la nuit. Cela lui évitera aussi de risquer une bagarre ou un accident !

Petits soucis

Qui a volé le steak qui traînait sur la table de la cuisine ? Le chat ! Pour ce chasseur, toute opportunité est bonne à prendre. Inutile de le punir : il ne comprendrait pas. Mieux vaut donc ne rien laisser traîner ! Parfois aussi, il griffe les meubles pour marquer son territoire. Il suffit en général de lui fournir un griffoir en carton pour limiter les dégâts. Enfin, si tu surprends ton chat en train de faire une bêtise, l'idéal est de lui tirer dessus... avec un pistolet à eau.

Caresse : mode d'emploi

Le chat adore qu'on lui gratouille le crâne et les joues, des zones qu'il ne peut pas atteindre en se léchant. Son pelage est très sensible : il faut le caresser avec douceur, et jamais à rebrousse-poil. Mieux vaut aussi s'arrêter dès qu'il est énervé et remue la queue. Sinon, il mord : ce qui signifie « laisse-moi tranquille ! »

Tout souple, le chat est capable de 1 000 acrobaties. Surprenant à chaque fois !

Pour ton chat, tu es une sorte de « maman » géante, et il se comporte avec toi comme un gros bébé.

Mon chien et moi

Dans l'esprit de ton chien, ta famille est sa « meute », au sein de laquelle il doit trouver sa place. Facilite-lui les choses !

Chihuahua ou doberman ?

Il existe plus de 300 races de chiens, réparties en une dizaine de groupes. Laquelle te correspondra le mieux ? Même si tu as déjà une idée, prends le temps de les découvrir. Sur Internet, des sites t'aident à choisir un chien en fonction de ton lieu de vie, de ta personnalité, de tes habitudes... Essayes-en plusieurs pour comparer les résultats. Et une fois quelques races sélectionnées, mène l'enquête sur chacune avant de faire le choix final en famille.

Dehors, il adore !

Un chien est plus exigeant qu'un chat. Il supporte moins bien la solitude et il a besoin qu'on lui consacre plus d'attention. Il faut le sortir au moins 2 fois par jour, et même, s'il a accès à un jardin, l'emmener régulièrement en balade pour qu'il se défoule. En fonction de la race, sa nature lui dicte aussi certains comportements. Un terrier ne pourra s'empêcher de creuser, ni un chien d'eau (cocker, golden retriever, labrador...) d'aller à l'eau !

« Va chercher ! » : c'est le jeu préféré de nombreux chiens. Et tu te lasseras certainement avant lui...

En observant les chiots d'une même portée qui jouent ensemble, on repère très vite qui sont les dominants et les dominés.

Rapport de confiance

Dès son jeune âge, le chien doit apprendre les règles pour vivre dans la société des hommes. Pas question de le laisser se comporter en dominateur avec toi : il doit comprendre que tu es le chef ! De ton côté, n'oublie jamais de le récompenser quand il a bien agi, avec une caresse ou une friandise. De toute façon, un chien obéit mieux s'il y trouve du plaisir.

Soigne son assiette

Même si certains types de croquettes fournissent une alimentation équilibrée, rien ne vaut une gamelle variée. L'idéal, c'est une pâtée composée de 50 % de viande et de 50 % de pâtes, de céréales ou de riz très cuit. Et comme dessert ? Pomme ou banane ! En revanche, il ne faut surtout pas lui donner de sucre, de gâteaux, de bonbons ou de chocolat. Évite aussi le poisson avec les arêtes, les petits os de volailles, et encore le pain, le lait ou le fromage fermenté, qu'il digère mal.

Non aux bêtises !

Si ton chien a fait une bêtise, punis-le dans la minute qui suit. Crie « Non ! », d'un ton ferme, donne-lui une tape du doigt sur le museau, arrête de jouer avec lui. Surtout pas de violence, c'est bête et inefficace ! En revanche, inutile de le punir pour ce qu'il a fait il y a 10 minutes ou 3 heures...
Il ne comprendrait rien et serait très perturbé.

Fais-le tout beau !

Même si ton chien a le poil court, toilette-le régulièrement avec des gestes simples.

- **brosse et peigne (réservés à son usage)**
- **mouchoirs en papier, coton**

1. Choisis une brosse souple et douce, si possible en caoutchouc. Brosse-le dans le sens du poil, en lui parlant calmement.

2. Avec le peigne, lisse le duvet et les poils fins. S'il y a des nœuds, démêle-les et, au pire, coupe-les avec des ciseaux : les poils repousseront.

3. Soulève les oreilles, et essuie l'intérieur avec un mouchoir en papier ou un coton humide. N'utilise jamais de coton-tige, ça peut faire très mal !

4. Si nécessaire, donne-lui un bain dans le bac à douche, avec de l'eau tiède et du shampoing doux pour bébé.

Mon copain cheval

L'entendre te saluer en hennissant quand il t'aperçoit, faire avec lui des balades… C'est ton rêve ! Mais un cheval est un compagnon qui réclame beaucoup de soins et d'attention.

Adopter un cheval

Un cheval vit en moyenne 25 ans. Pas question de s'engager à la légère ! Il faudra que tu t'en occupes le plus souvent possible, que tu organises ta vie en tenant compte de lui. Il coûte aussi beaucoup plus cher qu'un chien ou un chat : en plus du prix d'achat de l'animal, il faut compter celui de sa nourriture, de la location de son pré ou de sa pension au club, des visites du vétérinaire… La décision d'accueillir un cheval doit être mûrement réfléchie !

Chaque race a son propre tempérament et ses exigences. Renseigne-toi auprès d'éleveurs avant d'élire ton chouchou.

Une bonne alimentation

- Offre-lui un produit frais par jour : une carotte ou une pomme coupées dans le sens de la longueur.
- Laisse un bloc de sels minéraux à sa disposition dans son pré.
- Évite les changements soudains de régime.
- Nettoie soigneusement les mangeoires et les seaux.
- Après un repas, attends 1 heure avant de le faire travailler.

Le cheval idéal

La couleur de sa robe, c'est secondaire ! Pense d'abord à ce que tu veux faire avec lui : un cheval peut par exemple être doué pour les randonnées mais pas pour le saut d'obstacles. Il vivra au pré ? Pense aux poneys, plus robustes. Mais ne le choisis pas trop petit, car toi, tu vas grandir ! Pour te guider, demande son avis à un cavalier confirmé ou à ton moniteur d'équitation. Ils sauront te dire si l'animal te convient, s'il est bien dressé…

Cuisine des cookies pour ton cheval

Les chevaux sont de gros gourmands. Voici une récompense très appréciée !

- **1 tasse de farine de maïs, d'orge ou d'avoine (dans les magasins bio)**
- **1 tasse de flocons d'avoine**
- **2 carottes râpées**
- **2 cuillerées à soupe de miel**
- **1 tasse et demie d'eau**
- **2 cuillerées à soupe d'huile**
- **1 pincée de sel**

1. Dans un saladier, mélange bien les éléments pour obtenir une pâte homogène.

2. Fais de petites boules et pose-les sur une plaque à pâtisserie beurrée, en les espaçant bien. Aplatis-les légèrement, pour leur donner la forme de cookies.

3. Fais cuire à four moyen (180 °C) 15 minutes environ.

4. Tes cookies sont bien dorés ? C'est cuit !

Bien nourri

L'aliment naturel du cheval, c'est l'herbe. En été, s'il est au pré, il n'a besoin de rien d'autre. En hiver, tu devras lui donner aussi du foin (de l'herbe séchée) et des compléments (orge, maïs, avoine, granulés...). Tu devras là encore être conseillé, car mal alimenter son cheval (ou trop) est très mauvais pour sa santé. Il te faudra également adapter ses rations à son appétit : comme chez les humains, chaque cheval a le sien.

Emploi du temps

Le cheval a ses habitudes. Chaque jour, va le voir avant de partir à l'école pour vérifier qu'il se porte bien, qu'il a de l'eau... Nettoie son abri et donne-lui à manger. En fin d'après-midi, rends-lui à nouveau visite. Au programme : une petite toilette (le pansage), un peu d'exercice peut-être, une autre toilette rapide, un bon repas. Cela représente beaucoup de travail... et de plaisir. Car plus tu t'occuperas de ton cheval, et plus vos liens d'amitié seront forts !

Le cheval déteste être seul. S'il n'y a pas d'autre cheval dans son pré, offre-lui la compagnie d'un mouton ou d'une chèvre, avec lesquels il s'entendra très bien !

Du côté des rongeurs

Cette grande famille regroupe des animaux sympas et rigolos, avec parfois de grandes différences au niveau du mode de vie. Choisis le tien sans te tromper !

Curieux, gentil et joueur, le cobaye apprécie de sortir de sa cage pour passer du temps avec son maître.

Qui sont-ils ?

Un rongeur est un animal possédant une paire d'incisives qui poussent en permanence. Cette définition correspond aux souris, aux rats, aux écureuils, aux chinchillas, aux marmottes, aux hamsters, aux cobayes (cochons d'Inde)... Les lapins, eux, ne sont pas des rongeurs, car ils possèdent 2 paires d'incisives à la mâchoire supérieure. On les appelle des lagomorphes. Mais comme ils ont à peu près le même mode de vie que leurs cousins les rongeurs, on les classe souvent avec eux.

Plus délicat

Certains animaux « à la mode » sont assez difficiles à élever et à manipuler. C'est le cas du chinchilla et de la gerbille, moins câlins, et de l'écureuil de Corée, qui mord assez facilement.

Petite bête, gros avantages

Tes parents veulent bien d'un animal, à condition qu'il prenne peu de place et n'implique pas beaucoup de contraintes ? Pense aux rongeurs ! Ils ne font pas de dégâts et sont faciles à confier pour les vacances. Les petits inconvénients ? Un rongeur est délicat à manipuler (gare aux chutes et aux fractures), et le rapport affectif est plus réduit qu'avec un chien ou un chat. Au rayon des plus sociables, on trouve le cobaye, le lapin, la souris... et le rat.

Ce drôle de rongeur est un octodon, ou dègue du Chili. Il a un caractère très affirmé : pour l'apprivoiser, mieux vaut l'adopter tout jeune.

L'heure du choix

Les octodons (ou dègues) et les cobayes aiment vivre à plusieurs. Mais ne mélange pas les 2 sexes, car les rongeurs sont très prolifiques. En revanche, si tu choisis le hamster, un seul individu suffira car ils se battent entre eux. Prends aussi en compte le rythme de chacun : le chinchilla et le hamster sont nocturnes (hors de question de les installer dans ta chambre !), alors que le rat, la souris, le lapin et le cochon d'Inde sont diurnes. Question odeurs, la mauvaise élève est la souris...

Un rongeur heureux

À chaque espèce de rongeur correspond une cage adaptée. Certains sont très « sportifs » : le hamster, la souris ou le rat adorent les accessoires tels que les roues, les échelles... Côté nourriture, des aliments équilibrés sont vendus en animaleries et jardineries. Une pierre à ronger (pour se faire les dents) est indispensable. Enfin, ton petit copain devra toujours disposer d'eau et d'une litière propre, car les rongeurs sont des champions de l'hygiène !

Apprends à ton rat son nom

Le rat est intelligent et il adore les friandises. Apprends-lui à répondre à son nom !

• des petits morceaux de nourriture (melon, carotte, salade, banane). Attention : évite les agrumes, le fromage collant, le chocolat et la pomme de terre crue (nocifs pour lui).

1. Prononce le nom de ton rat en lui tendant la friandise.

2. Répète son nom quand il la mange et félicite-le. Avec un peu d'entraînement, il associera son nom avec le fait de gagner une récompense, et viendra dès ton appel.

3. Variante : claque de la langue ou siffle quand tu lui offres un « bonbon ». Le coquin s'est réfugié dans un petit coin ? Utilise ce bruit pour le faire sortir de sa cachette !

Mes jolis oiseaux

Tu aimes vivre au milieu des gazouillis ? Adopte des oiseaux : ils sont petits mais apportent une grande note de gaieté dans un foyer.

Bon à savoir

Les oiseaux d'animalerie proviennent de souches depuis longtemps acclimatées à l'homme et leur élevage est assez facile. Tu t'engages pour longtemps : une perruche peut vivre 15 ans, un perroquet 70. Pour que ton ou tes pensionnaires soient bien accueillis, tiens compte de leurs habitudes de vie. De nombreux oiseaux aiment vivre en groupe : un passereau ou une perruche seuls peuvent mourir d'ennui, et il vaut mieux adopter au moins un couple !

Connaître le sexe d'un oiseau n'est pas toujours facile. Le diamant mandarin échappe à la règle : seul le mâle a les joues rouges.

Les passereaux

Cui-cui, tchip-tchip... Les passereaux sont souvent d'excellents chanteurs. Ces petits oiseaux aux couleurs chatoyantes sont sociables et robustes : parfait pour un éleveur débutant ! Voici les espèces les plus communes : le canari, le diamant mandarin, les bengalis (d'Inde, du Japon...), le bec d'argent, le bec de corail, le moineau du Japon, le cou coupé... Certaines espèces s'entendent bien et peuvent vivre ensemble, d'autres sont plus querelleuses. Renseigne-toi.

Attention !

Trop de perroquets sont piégés illégalement dans la nature par l'homme : c'est la première cause de disparition de certaines espèces. Adopte un oiseau d'élevage en demandant des garanties au moment de l'achat.

Les perruches

Ces petits perroquets sont les oiseaux de cage les plus courants au monde. Les perruches ondulées présentent des centaines de nuances de plumage ! Autres stars, les perruches calopsittes à la drôle de huppe, et les inséparables. Tous ces oiseaux sont vifs, joueurs et très « pipelettes ». Certaines calopsittes savent même répéter quelques mots !

Les oiseaux parleurs

Avoir un oiseau qui parle, c'est un rêve ! Au hit-parade des plus bavards, on trouve le perroquet gris du Gabon et le mainate. Mais ils coûtent cher à l'achat, demandent beaucoup de présence et une bonne compréhension de leurs comportements. Les plus doués sont les individus « élevés à la main » : nourris et approchés dès la naissance par l'homme, ils deviennent de vrais compagnons.

Apprivoise tes oiseaux

Tu aimerais que tes oiseaux viennent se poser sur toi ? C'est possible si tu t'armes de patience. Ne crie pas, mais parle-leur d'une voix douce, avec toujours la même intonation. Quand ils sont bien habitués, propose-leur des graines dans ta main. Mais ne sois pas déçu : cet exercice est bien plus facile avec une perruche ou un oiseau parleur qu'avec les passereaux, plus farouches.

Les perroquets et les mainates apprécient de sortir de leur cage plusieurs heures par jour, mais il ne faut jamais les laisser sans surveillance.

Offre le confort à tes oiseaux

À condition d'être bien adaptée, la cage n'est pas vécue comme une prison mais comme un refuge.

- **1 cage**
- **plusieurs perchoirs**
- **2 mangeoires**
- **1 abreuvoir**

1. La taille et la forme de la cage dépendent de l'espèce : demande conseil en magasin.

2. Installe au moins 2 perchoirs, en laissant un espace libre pour que tes oiseaux puissent voler. Offre des jouets aux perruches et aux perroquets, pour qu'ils ne s'ennuient pas.

3. Installe l'abreuvoir et 2 mangeoires, l'une pour les graines et l'autre pour les fruits et légumes. Mets du papier absorbant au fond de la cage.

4. Place la cage dans un endroit clair, animé et sans courants d'air.

5. Veille à la propreté : change le papier chaque jour et désinfecte tous les éléments une fois par semaine, en les rinçant bien.

Difficiles reptiles

Pour élever un serpent ou un iguane, mieux vaut être un spécialiste, car ce sont des animaux très fragiles. Reste la tortue terrestre : un animal domestique sympa mais plutôt rare.

Un contact spécial

Pas facile d'être ami avec un reptile : l'animal n'a aucune attirance pour les autres êtres vivants. Ceux qui s'approchent de lui seront considérés de 2 façons : proie ou prédateur. Pourtant, certains lézards, quelques iguanes, tortues ou pythons sont réputés plus faciles à apprivoiser et se laissent même manipuler. Mais les amateurs de reptiles veulent en général simplement les regarder vivre.

Reptiles, vos papiers !

Les reptiles sont des animaux protégés. Une convention internationale définit les espèces pour lesquelles le commerce est autorisé. Dans les animaleries, tu trouveras des reptiles juvéniles nés dans des centres d'élevage agréés. En France, pour posséder certaines espèces, il est obligatoire d'obtenir de la préfecture un certificat de capacité, délivré sur présentation d'un dossier. C'est le cas des tortues terrestres qui doivent aussi être munies d'une puce électronique d'identification.

De nombreux serpents sont inoffensifs. En as-tu déjà touché un ? Leur peau est douce et sèche, contrairement à ce que l'on croit souvent.

Le gecko tokay est superbe, mais il mord. Aucun rapport affectif avec lui !

Une tortue au jardin

La tortue est un animal sauvage qui a besoin d'être exposée au soleil pour fortifier sa carapace. Dans la nature, elle se promène sur un territoire assez vaste. Mais pas question de la laisser en liberté dans un jardin ! Tondeuse à gazon, chiens, chats : les dangers y seraient trop nombreux. Il faut donc lui construire un enclos. En hiver, de nombreuses tortues hibernent. À l'extérieur ou en intérieur, dans une caisse aménagée ? Cela dépend de l'espèce et du climat de ta région. Renseigne-toi pour ne pas faire d'erreur.

Le vivarium, un minimonde

Les reptiles tropicaux, comme les caméléons ou les serpents, doivent vivre dans un vivarium. À l'intérieur de cette cage en verre, la température et l'humidité sont rigoureusement contrôlées. Il faut aussi des lampes spéciales, pour imiter le soleil. Le décor, lui, dépendra des espèces qui l'habitent. Cela peut être une grotte du désert abritant un serpent solitaire ou une petite jungle luxuriante peuplée de plusieurs espèces de reptiles.

La dernière…

Il n'existe qu'une espèce de tortue terrestre en France : la tortue d'Hermann. Autrefois répandue sur toute la côte méditerranéenne, elle ne survit plus aujourd'hui que dans une partie du Var et en Corse. Il est bien sûr totalement interdit de la capturer dans la nature.

Construis un enclos pour ta tortue

Pour sa sécurité et son bien-être, il doit répondre à certains critères.

- **du grillage fin**
- **1 miniserre**
- **1 petite cabane en bois**
- **1 coupelle**
- **des feuilles mortes, des tuiles…**

1. Construis un enclos grillagé de 5 m^2 environ, en enterrant le grillage d'au moins 20 cm, et jusqu'à une hauteur de 40 cm.

2. Place la miniserre garnie de foin dans un endroit ensoleillé, la cabane dans un endroit plus ombragé. Tu peux planter un arbuste à cet effet.

3. Indispensable : une « piscine » ! Une coupelle suffit pour une jeune tortue. Pour une adulte, réalise un petit bassin bétonné. Ne mets pas trop d'eau pour éviter le risque de noyade.

4. Fabrique également des cachettes avec des feuilles, des tuiles… ta tortue adore !

Des poissons à la maison

Les poissons rouges sont les animaux domestiques les plus communs. Pourtant, c'est avec eux qu'on fait le plus d'erreurs. Apprends à rendre les tiens heureux.

Un poisson rouge adulte mesure entre 20 et 30 cm et peut vivre plus de 20 ans... si on lui offre de bonnes conditions de vie.

Maudit bocal

Quand on pense au poisson rouge, on l'imagine dans son bocal. Pourtant, les poissons détestent vivre dans un récipient rond. Il est aussi bien trop petit et l'eau n'y est pas assez oxygénée. Une vraie torture ! Les animaux d'animalerie sont des bébés, qui ont besoin d'espace pour grandir. L'idéal, c'est de compter 40 l d'eau environ par poisson et d'en avoir plusieurs. Autres éléments indispensables : un filtre pour éliminer les déchets et un aérateur qui fait des bulles et apporte de l'oxygène.

À la bonne eau

L'eau du robinet a été traitée au chlore pour être potable. Mauvais pour tes poissons ! Il brûle leurs branchies et détruit les bonnes bactéries épuratrices du filtre. Pour rendre l'eau inoffensive, il existe 2 solutions. Tu peux lui ajouter un conditionneur (qui élimine également les métaux lourds tels que le cuivre, le zinc, le plomb). Tu peux aussi laisser reposer de l'eau du robinet 36 heures environ dans un seau réservé à cet effet. La majeure partie du chlore va s'évaporer.

Créé par l'homme

Le nom savant du poisson rouge est « carassin doré ». Il vient de la carpe commune. Sélectionné depuis plus de 1 000 ans en Asie, il a perdu ses barbillons et gagné sa belle couleur orangée. Il existe aujourd'hui des dizaines de variétés de poissons rouges aux formes parfois étranges : des yeux globuleux, des nageoires en forme de voiles, des protubérances sur la tête…

D'autres poissons ont des exigences plus simples que le poisson rouge : c'est le cas du combattant, bien plus petit et qui s'élève seul.

Un aquarium planté

En plus d'être jolies, les plantes aquatiques contribuent au bon équilibre de ton aquarium. Demande conseil sur les variétés : certaines, très tendres, sont grignotées par les poissons (mais poussent vite), d'autres non. Les plantes filtrent une partie des déchets toxiques contenus dans les déjections des poissons, participent à l'oxygénation de l'eau, limitent la prolifération des algues... et offrent d'excellentes cachettes !

De bons repas

Les flocons ou paillettes vendus dans le commerce sont de très bonne qualité. Mais tes copains ont aussi un besoin régulier de verdure ! Fais bouillir quelques minutes un morceau de courgette, de carotte, de brocoli, fais-le refroidir, puis émiette-le. Côté équilibre, il ne faut pas suralimenter tes poissons. La nourriture que tu distribues (2 fois par jour) doit disparaître en 2 min au risque de souiller l'eau de l'aquarium. Il est aussi conseillé de les faire jeûner un jour par semaine.

Entretiens ton aquarium

Au fil du temps, les nitrates et les phosphates (des sels toxiques pour les poissons), s'accumulent dans l'eau. Il faut la renouveler en partie !

- **de l'eau**
- **1 raclette à algues**

1. Toutes les semaines, prévois de changer environ 20 % de l'eau. Tire de l'eau du robinet, puis débarrasse-la de son chlore (voir ci-contre).

2. Les chocs thermiques sont néfastes aux poissons. Teste la température de l'ancienne et de la nouvelle eau avec ton coude : elle doit être identique.

3. Profites-en pour nettoyer les parois avec une raclette à algues et rincer la mousse du filtre avec de l'eau prise dans l'aquarium (très important !).

Amitiés incroyables

Et maintenant, par où aller ?
Pour retrouver son foyer,
il faut braver 1 000 dangers...

Entre un animal et son maître se tissent des liens très puissants. Au hasard de la vie, les circonstances créent parfois de magnifiques histoires de fidélité, qui font le tour du monde.

Un attachement réciproque

À force de vivre avec un animal, on le connaît parfaitement. On comprend ce qu'il veut, on devine s'il va mal. L'inverse est vrai aussi ! Nombre d'animaux sont totalement fidèles à leurs maîtres, auxquels ils vouent un attachement parfois jaloux. Tu en as peut-être fait l'expérience si tu as un chat : il paraît sentir l'arrivée à la maison d'un membre de la famille avant que celui-ci n'ouvre la porte. Et on ne compte pas le nombre de chiens ou de chats qui se laissent mourir après le décès de leur maître.

My dog is rich !

De nombreux animaux sont couchés sur le testament de leurs richissimes propriétaires. Conchita, un minuscule chihuahua de Miami, a hérité de sa maîtresse d'un fonds de pension de 3 millions de dollars pour continuer à vivre dans le luxe après son décès. Clause spéciale : il doit être constamment accompagné par 2 gardes du corps !

Situation d'urgence

Très souvent, aux informations, on entend le récit d'un animal venu au secours de sa « famille humaine ». Les exemples sont surprenants. On connaît plusieurs cas de chats ayant miaulé pour réveiller leurs maîtres alors qu'un incendie se déclarait en pleine nuit dans la maison. Belle, une chienne beagle américaine dressée, a mordu les touches du portable de son maître évanoui pour composer le numéro des pompiers. Elle a été récompensée par une médaille. Les chiens et les chats ne sont pas les seuls héros : des chevaux et des cochons ont déjà alerté des sauveteurs !

Un sixième sens ?

Pendant les vacances ou lors d'un déménagement, il arrive qu'un animal domestique se perde. Certains sont alors capables de parcourir de très grandes distances pour retrouver leurs maîtres. C'est le cas de Mimine : cette chatte de 3 ans, perdue lors d'un déménagement dans le sud-ouest de la France, a retrouvé les siens... dans la Meuse, à 800 km de là. Elle a mis 13 mois pour faire le voyage, vers un lieu dont elle ne connaissait rien. Comment un animal fait-il pour se repérer ? Cela reste un mystère scientifique total !

Dauphins sauveteurs

Attaqués par des requins, des nageurs sont secourus par une troupe de dauphins. Ils encerclent les hommes pour sécuriser la zone, puis foncent dans le ventre des squales pour les blesser avec leur rostre. Ce comportement, bien connu, n'est pas rare. Mais les motivations des mammifères marins, elles, restent obscures…

Hachiko, chien fidèle

À la gare de Shibuya, à Tokyo, se dresse la statue d'un grand chien nommé Hachiko. De 1922 à 1925, ce chien avait coutume de venir chaque soir chercher son maître à la gare. Un soir de 1925, victime d'une crise cardiaque, le maître ne revint pas. Hachiko revint pourtant pendant 10 ans l'attendre sur le quai. Sa mort, en 1935, fut marquée au Japon par une journée de deuil national.

Intelligent et sociable, le dauphin nous apparaît un peu comme un frère, vivant dans la mer...

Ils te font rêv

er

Sur les murs de ta chambre, tu as peut-être un poster représentant un cheval, un ours, un tigre... Pourquoi certains animaux nous fascinent-ils ainsi ? Parce qu'ils sont sauvages, fiers, libres. Comme nous rêvons de l'être au fond de nous-mêmes !

La force du félin

Les grands fauves nous fascinent, car ils incarnent à la fois la sauvagerie et la douceur. Sur le territoire du tigre ou du lion, les autres animaux ne sont que les sujets du roi !

Le lion dominant rugit pour affirmer son autorité sur le clan. On l'entend dans la savane à 8 km à la ronde.

Géants tranquilles

Un lion, un tigre ou un guépard, c'est d'abord un très gros chat ! Le crâne est plus large, mais la silhouette allongée à la longue queue mobile est similaire. Quant à la démarche chaloupée, elle s'explique par les omoplates placées assez haut, qui font balancer les épaules à chaque pas. Même à l'arrêt, la silhouette d'un lion évoque la puissance. Et comme il ne craint aucun autre animal, il s'offre le luxe de dormir profondément jusqu'à 16 heures par jour !

Papa tigre et maman lion

Si des espèces différentes ne se mélangent jamais en milieu naturel, certains croisements ont été obtenus en captivité. Il y a 2 000 ans, les Romains avaient déjà « créé » le tigron (tigre/lionne) et le ligron (lion/tigresse). De tels animaux sont toujours visibles dans plusieurs cirques ou zoos. Mais ils sont stériles, c'est-à-dire incapables de se reproduire.

Chasseurs parfaits

À l'heure de la chasse, le félin montre sa force. Elle commence par une lente approche, le corps plaqué au sol. Puis le fauve ramasse ses muscles et bondit, souvent en rugissant pour semer l'effroi. Une petite proie sera mordue à la nuque, une plus grosse saisie à la gorge. Mais il faut avoir été assez rapide : le tigre par exemple ne réussit qu'une fois sur 10 son attaque, ce qui le force à chasser souvent pour assouvir sa faim.

Avec près de 100 km/h au sprint, le guépard est l'animal terrestre le plus rapide. Mais au bout de 500 m, il doit abandonner la course !

Emblème éternel

L'image du fauve se retrouve dans toutes les cultures. En Égypte, le lion devient sphinx. À Babylone, il est sculpté sur les murailles. En Chine, des statues de lions gardent la Cité interdite de Pékin. En Europe, on trouve le lion sur le blason de l'Écosse, de la Norvège et de la Belgique. Le tigre est le symbole national du Bangladesh, de l'Inde et de la Malaisie. Et même autour de toi, l'image du fauve est partout : sur des enseignes de banques ou de voitures, et même sur les paquets de céréales !

Triste fin de règne

Tous les grands félins appartiennent à des espèces menacées. En 2010 en Asie, il ne restait plus que 3 500 tigres en liberté, répartis sur des territoires très dispersés. Ce n'est plus suffisant pour assurer le renouvellement naturel. Les lions, eux, ne sont plus environ que 20 000 en Afrique. En 20 ans, leur population a fondu de plus d'1/3, et les lions vivant dans les réserves seront bientôt les derniers représentants de l'espèce.

Les félins en chiffres

- 35 : le nombre de félidés (dont une majorité de petites espèces discrètes).
- 280 kg : le poids d'un grand tigre mâle.
- 250 : le nombre d'os d'un félin (206 chez l'homme).
- 8 cm : la longueur des griffes du tigre.

Certains félins ont des taches. Le tigre est le seul à avoir des rayures ! Les motifs fragmentent la silhouette et camouflent l'animal dans son milieu.

Souvent les dauphins du groupe se frôlent pour se faire des câlins. Les liens sont très forts entre la mère et son petit : jusqu'à 6 ans, il nage à ses côtés.

Le sourire du dauphin

Il se reconnaît à la bosse appelée « melon » sur son front, et surtout à la forme de sa bouche qui lui donne une expression malicieuse… Parmi toutes les espèces, c'est le grand dauphin le plus célèbre !

Une vraie société

Le grand dauphin vit en groupes très soudés. À plusieurs, on se protège mieux des ennemis, et la chasse est plus efficace. La structure des clans varie selon les âges. Par exemple, les femelles allaitantes se regroupent avec leurs petits et les jeunes des années précédentes. Les jeunes mâles, eux, forment pendant quelques années des clans de célibataires. Ainsi, ce mammifère marin qui peut vivre plus de 50 ans appartiendra à tel ou tel groupe au cours de sa vie.

Le dauphin en chiffres

- 26 : le nombre d'espèces de dauphins marins (et 5 espèces d'eau douce).
- 50 km/h : la vitesse de pointe du grand dauphin.
- 650 kg : le poids maximal du grand dauphin.
- 600 m : la profondeur maximale en plongée.

Un grand bavard

Sous le melon du dauphin, un sonar émet continuellement des ultrasons appelés « clics ». Quand ceux-ci butent sur un obstacle, leur écho est renvoyé vers l'animal, puis le cerveau analyse ces informations pour former une « image » ultrasonore très précise. C'est comme une échographie. Et pour communiquer entre eux, les grands dauphins utilisent une vaste gamme de sifflements. Grâce à l'étude des enregistrements, on sait que chaque individu possède sa propre signature sonore qui signifierait dans notre langue : « Je m'appelle A, ma mère s'appelle B et j'appartiens au clan C. »

Curieux d'approcher les hommes

Sans qu'on sache pourquoi, il arrive qu'un animal quitte le groupe pour mener une vie solitaire. Certains dauphins, appelés « ambassadeurs », cherchent alors la compagnie de l'homme, s'approchant des bateaux et même des baigneurs. Ainsi, de 1989 à 1993, une femelle surnommée Dolphy fit la joie des habitants de Collioure, un port des Pyrénées-Orientales. Puis elle rejoignit un nouveau clan et s'éloigna définitivement.

Une longue histoire commune

Les Grecs, déjà, respectaient le dauphin qui aurait guidé des navires perdus dans la tempête et secouru des naufragés sur son dos. Bien plus tard, au Moyen Âge, l'animal fut massacré car les pêcheurs le considéraient comme un concurrent. Aujourd'hui, plus de 1 000 dauphins sont employés dans des parcs aquatiques pour des spectacles de plus en plus critiqués. Qui a vraiment envie d'admirer de malheureux prisonniers ?

Le dauphin joue volontiers avec d'autres animaux, des cailloux ou des algues. Rien de tel qu'un bon foot sous-marin avec une éponge !

Va à la rencontre des dauphins

Admirer ces magnifiques cétacés en liberté, c'est ton rêve…

1. Tu vas en vacances au bord de la mer ? Renseigne-toi au port : il existe des endroits où sont proposées des sorties en mer, pour observer dauphins ou baleines. En respectant bien sûr les animaux, sans les déranger !

2. Et si tu te trouvais nez à nez avec un dauphin ? Il y a très peu de chances que cela arrive, mais dans ce cas, n'essaie pas de le caresser. Beaucoup plus grand que toi, il est très fort et peut avoir des réactions imprévisibles.

3. Si tu trouves un dauphin échoué sur la plage, ne le déplace pas. En attendant les secours, protège-le sous un parasol et arrose-le régulièrement d'eau de mer, pour éviter que sa peau se dessèche.

Libre comme le cheval

Quelques heures après sa naissance, ce poulain pourra galoper aux côtés de sa mère pour fuir un danger.

Le « fils du vent » fait toujours rêver. Pendant que toi, tu es à l'école, des chevaux galopent crinière au vent quelque part dans le monde...

Un grand méfiant

La seule défense du cheval, c'est la fuite ! Pour repérer ses prédateurs (loups, grands félins), il a développé une sensibilité extraordinaire. Nez au vent, il décèle n'importe quelle odeur à 2 km de distance. Et avec ses gros yeux placés de côté, il surveille les alentours. Ultrasensible à son environnement, le cheval perçoit aussi des vibrations et des sons, très graves ou très aigus, inaudibles pour nous.

La vie en harde

À l'état sauvage, les chevaux vivent en hardes d'une vingtaine d'individus. Chacune comprend un étalon, plusieurs juments et leurs poulains jusqu'à 3 ans. Le mâle en est le chef. Il interdit à tout autre étalon de s'approcher des femelles. Il partage son autorité avec la plus âgée des juments. C'est elle qui mène la troupe vers les meilleurs pâturages, la guide vers les points d'eau. Les Indiens la surnommaient « la mère de tous » !

Il reste 40 000 à 100 000 mustangs en liberté aux États-Unis, dont la moitié dans l'État du Nevada.

Derniers sauvages

Les « vrais » chevaux sauvages ont disparu. Le dernier, le cheval de Przewalski, qui vivait en Chine et en Mongolie, n'a plus été vu depuis 1968 à l'état sauvage. La race, sauvée de justesse, a cependant été réintroduite dans sa région d'origine. Ailleurs, des chevaux domestiques sont retournés à l'état sauvage. Aux États-Unis et en Australie galopent des milliers de mustangs et de brumbies, descendants de chevaux autrefois échappés ou relâchés.

Cheval de rêve

Cheval ailé, cheval cornu, cheval à 8 pattes... On retrouve dans toutes les mythologies la figure de l'animal. Freya, cheval des légendes scandinaves, galope à travers le monde pour annoncer le printemps. Pégase est chargé par le dieu grec Poséidon de faire jaillir la première source d'eau fraîche. Selon le Coran, Allah crée le premier cheval en soufflant sur une poignée de vent du sud, et accorde sa protection à tous ceux qui soigneront les chevaux...

Cheval en scène

L'écuyer et metteur en scène Bartabas, fondateur du théâtre équestre Zingaro, imagine des spectacles d'une grande beauté, riches d'images comme surgies d'un rêve. Sa troupe est connue et applaudie dans le monde entier !

Les chevaux en chiffres

- 68 km/h : la vitesse maximale d'un cheval en plein sprint.
- 180 : le nombre actuel de races.
- 500 000 : la population de brumbies sauvages en Australie.
- 58 millions : la population estimée de chevaux dans le monde.

Le cheval de Przewalski, petit et trapu, ressemble au cheval peint sur les parois des cavernes. C'est le dernier ancêtre encore vivant du cheval domestique.

La figure de l'ours

Autrefois, l'ours brun et l'homme partageaient les forêts, les vallées et les alpages. À ce voisin familier, on trouvait même une certaine ressemblance avec l'humain. Jusqu'au Moyen Âge, il fut considéré en Europe comme le roi des animaux.

L'ours n'est pas un tueur d'hommes : il préfère fuir. Mais gare à la femelle si on s'approche de ses petits !

Grand solitaire

L'ours brun a presque disparu d'Europe de l'Ouest, mais il reste assez commun au Canada, aux États-Unis, en Russie ou en Bulgarie. Malgré sa corpulence et sa démarche un peu pataude, c'est un animal vif et agile, doté d'une force colossale. Il peut retourner un rocher de plus de 100 kg ! L'ours est aussi un grand solitaire. Sauf à la saison des amours et pour élever les jeunes, il vagabonde seul sur son vaste territoire, au gré des saisons et de la nourriture disponible : des petits mammifères, des poissons, mais surtout des fruits, des racines, des baies ou du miel.

Jean de l'Ours

C'est un des plus célèbres contes traditionnels, venu du fond des âges. Né d'une femme et d'un ours, Jean de l'Ours est doté d'une force surhumaine et fait parfois le mal sans le vouloir. Il souffre aussi, écartelé entre sa nature animale sauvage et son humanité. En général, sa force lui permet de surmonter diverses épreuves, mais il reste mal accepté et finit par retourner mourir dans la caverne qui l'a vu naître.

Dans sa tanière

En hiver, après s'être gavé de glands et de graines riches en huile, l'ours cherche un abri. Il l'aménage en y apportant un tapis de branches et de mousses, obstrue un peu l'entrée avec de la terre, puis s'endort. Pourtant, l'ours brun n'hiberne pas profondément comme la marmotte, mais se réveille de temps en temps et sort un moment se dégourdir les pattes. Au cœur de l'hiver, c'est dans la tanière que l'ourse met au monde ses oursons, qui sortiront avec elle au printemps.

Une présence de toujours

L'ours est un animal vénéré dans les cultes païens. On voit en lui un double de l'homme, incarnant sa part sauvage, sa puissance brute. Il est symbole de puissance et de fertilité. Au Moyen Âge, le roi des animaux est représenté sur les blasons et les étendards des nobles. Mais l'Église, qui diabolise à l'époque certains animaux, se méfie de l'ours et le caricature en gourmand cruel et stupide. Pendant des siècles, des montreurs d'ours promènent de ville en ville de pauvres animaux mutilés et maltraités, dressés à danser ou à faire des pitreries.

Le pouvoir du nounours

Quel enfant n'a pas eu le sien ? Confident, complice ou gardien, l'ours en peluche est apparu vers 1900 en Allemagne et aux États-Unis, et a vite conquis la planète. Devenue rassurante, l'image de l'ours plaît et fait vendre. Les nounours se multiplient : dans les histoires, les dessins animés, les jeux ou les jouets. Et quand on s'est bien amusés, on a le droit de dévorer… des oursons en chocolat ou en gélatine !

L'ourse est une mère patiente et attentive. Mais si un ourson dépasse les bornes, paf ! Il recevra la patte de sa maman sur la joue !

Les ours en chiffres

- 200 000 : le nombre estimé d'ours bruns dans le monde en 2010.
- 3 m : la taille d'un ours polaire dressé.
- 40 ans : l'espérance de vie d'un ours brun.
- 750 kg : le poids d'un gros ours blanc.

Cousin du froid

Très proche génétiquement de l'ours brun, l'ours polaire s'est adapté au climat glacé du Grand Nord : le dessous de ses pattes est couvert de fourrure, sa peau noire et ses poils transparents attirent et gardent la chaleur. Il est aussi parfaitement adapté à la vie dans l'eau, avec ses larges pattes. Son nom latin *Ursus maritimus* signifie « ours de mer ».

L'ours polaire est un superprédateur de son milieu.

Loup mystérieux

Son regard aux yeux jaunes remue en nous des émotions venues du fond des âges. Ce grand sauvage, lui, n'aspire qu'à une chose : que l'homme le laisse vivre tranquille.

Nature sauvage

Haut sur pattes, avec une tête large, un cou épais et une longue gueule fendue, le loup appartient à la famille des canidés. C'est l'ancêtre de tous les chiens domestiques, mais il ne s'apprivoise pas. Sa vie est celle d'un chasseur, sillonnant toute la nuit son territoire, parcourant parfois des dizaines de km à la recherche d'une proie. Puis, à l'aube, il rentre dormir dans son refuge, un abri de broussailles au cœur de la forêt.

Vivre en meute

Dans l'Antiquité, on admirait le loup pour sa façon de vivre en société : un moyen efficace pour chasser et protéger les louveteaux. La meute se compose en général d'un couple dominant et d'une ou plusieurs générations de louveteaux, soit une douzaine d'individus. Parfois, d'autres loups viennent s'y greffer pour quelque temps, si la nourriture est suffisante. Mais chacun respecte une hiérarchie très précise ! Et seul le couple dominant a le droit de se reproduire, ce qui limite la population.

Les loups en chiffres

- 80 kg : le poids d'un grand mâle adulte.
- 50 km/h : la vitesse du loup en pleine course.
- 6 cm : la longueur de ses canines.
- 4,5 kg de viande : le repas d'un loup affamé.

Pour économiser leurs forces, les loups avancent en file indienne : chacun met ses pas dans les traces du précédent.

Le loup signale sa présence en hurlant. Les vibrations de sa voix donnent l'impression qu'il y a plusieurs animaux !

Fausse réputation

Malgré la légende, le loup n'est pas un féroce mangeur d'hommes. Nous ne faisons pas partie de ses proies naturelles, et il préfère nous fuir. Pourtant, il arrive qu'un loup attaque l'homme dans certaines circonstances. Le plus souvent, il s'agit d'un animal enragé, infecté par un virus qui le rend fou. Et, bien sûr, le loup se défend si on le menace. Mais cela reste très rare ! En 2001, un rapport du gouvernement norvégien rappelait qu'en Europe, 5 personnes seulement ont été tuées par des loups depuis 50 ans.

Pourchassé sans pitié

Dans d'innombrables contes et légendes, à partir du Moyen Âge, la figure du loup devient celle de la peur et du danger qui rôde. « Si tu n'es pas sage, disent les mamans, le loup te mangera ! ». De génération en génération, ces histoires se transmettent, tandis que les hommes massacrent les loups. Il faut attendre le début du XXe siècle pour que des récits, comme *Croc-Blanc* de Jack London, réhabilitent enfin l'animal. Mais entre-temps, il a disparu de nombreuses régions.

Où sont les loups ?

En 2010, on estimait qu'il restait environ 200 000 loups dans le monde, surtout dans les grands espaces de Sibérie et du Canada. Dans certains pays, comme la Pologne ou la Roumanie, l'animal n'a jamais disparu et se compte encore en milliers. Mais le phénomène nouveau est qu'il revient vers l'ouest. En France, il y aurait déjà 180 loups, presque tous localisés dans les Alpes.

La majesté de l'aigle

La famille des rapaces diurnes regroupe près de 300 espèces. Les aigles ne sont pas les plus grands. Mais séduit par leur vol silencieux et puissant, l'homme les considère depuis toujours comme les seigneurs des airs.

L'aigle possède de redoutables armes : des serres acérées qui transpercent et retiennent sa proie, et un bec crochu au bord tranchant.

Fait pour chasser

Comme tous les oiseaux, l'aigle possède un squelette très léger. Le rapace est aussi un athlète taillé pour la vitesse : ses ailes sont longues, sa silhouette aérodynamique et sa musculature puissante. Profitant d'un courant d'air chaud, il s'élève, puis plane au-dessus de son territoire. Une proie ? Il redescend, rase le relief et attaque par surprise. Quelle force ! L'aigle royal peut par exemple enlever une marmotte ou un jeune chamois dans les airs. Un animal dont le poids est presque équivalent au sien : 5 kg en moyenne.

Des sens performants

Ses yeux sont énormes par rapport à sa taille. Grâce à eux, l'aigle est ainsi capable de repérer un lièvre à 2 km de distance, alors que nous ne le distinguons qu'à partir de 300 m. L'oiseau possède aussi une ouïe extrêmement performante. S'il ne peut pas se servir de sa vue pour chasser (par exemple dans un milieu où la végétation est plus dense), il se fie à son oreille. Craquement de feuilles ou bruit de petites pattes sur le sol : rien ne lui échappe...

Les rapaces diurnes

Ces oiseaux se sont adaptés à tous les milieux et vivent sur tous les continents, sauf en Antarctique où il fait trop froid. Leur taille, leur silhouette et leur mode de vie sont très différents. En plus des aigles, ce groupe comprend les buses, les éperviers, les faucons et aussi les vautours, ces grands oiseaux charognards.

L'arcade sourcilière de l'aigle, très saillante, lui donne son air déterminé. Elle lui évite surtout d'être ébloui par le soleil : essentiel quand il chasse.

Un symbole très fort

Présent dans de très nombreuses mythologies, l'aigle accompagne les héros et les dieux. En Grèce antique, il est considéré comme le messager de Zeus. Symbole de victoire, il figure sur les étendards des armées romaines. Au Moyen Âge, il représente souvent le Christ. Ailleurs, en Asie centrale comme en Amérique, les chefs et les chamans invoquent son esprit et se parent de ses plumes pour s'approprier ses pouvoirs : la clairvoyance, la vigueur, la force morale... Aujourd'hui encore, l'aigle est l'emblème des États-Unis d'Amérique.

L'art de la fauconnerie

L'usage des rapaces pour la chasse remonte à environ 2 000 ans avant J.-C. Au fil du temps, il est devenu un art codifié qui a donné naissance à de nombreux traités. Au Moyen Âge, la fauconnerie est bien sûr réservée aux puissants. Chacun son oiseau : à l'empereur correspond l'aigle, au roi le faucon gerfaut, à la dame le faucon crécerelle, au prêtre l'épervier. Aujourd'hui, la fauconnerie est toujours pratiquée. Et la chasse à l'aigle, la plus prestigieuse, perdure en Asie centrale sur les terres où il semble qu'elle soit née.

La harpie féroce est un immense aigle forestier d'Amérique du Sud. Il chasse les singes et les reptiles à la cime des arbres.

Les rapaces en chiffres

- 59 : le nombre d'espèces d'aigles dans le monde.
- 2 m : l'envergure moyenne d'un aigle royal.
- 2 m : le diamètre d'un nid d'aigle ancien (les oiseaux reviennent nicher chaque année au même endroit, en consolidant le nid).
- 150 km/h : la vitesse d'un aigle qui fond sur sa proie.

Fascinant serpent

Son corps qui se tortille et sa langue qui frétille ne laissent personne indifférent. Le serpent terrorise la plupart d'entre nous et passionne les autres !

La vipère péliade est le serpent venimeux le plus commun d'Europe. Peu de risques de la croiser : elle est très farouche !

Liane vivante

Les ancêtres des serpents sont des lézards qui ont perdu leurs membres pour mieux s'enfouir dans le sol ou se faufiler dans la végétation. Résultat : cette interminable colonne vertébrale capable de se tordre dans tous les sens ! En plus, les côtes ne sont pas soudées, et le serpent peut à volonté dilater ou resserrer son corps. Au sol, il utilise (selon les espèces) une ou plusieurs des 4 techniques de locomotion : le serpentement, le déplacement en chenille, la reptation en accordéon ou la reptation latérale.

Une vie au ralenti

Comme tous les reptiles, le serpent vit à un rythme lent et a besoin de réguler sa température. En Europe, la plupart des espèces sont diurnes. Le serpent commence sa journée par un long bain de soleil, avant d'aller fureter à la recherche d'un petit mammifère, d'un oiseau ou d'une grenouille à avaler. Il peut rester immobile durant des heures, avant de bondir brusquement, gueule grande ouverte ! La nuit venue, lové dans un abri, le serpent s'enroule sur lui-même pour conserver sa chaleur si précieuse.

Nœuds de serpents

Dans les pays froids, certains serpents hibernent en groupes, partageant un abri appelé « hibernaculum ». Venus de plusieurs km à la ronde, serrés les uns contre les autres, ils sont parfois des centaines ! Un des avantages de cette hibernation en commun est que, dès le printemps, aucun ne rencontre de difficulté à trouver un partenaire pour s'accoupler.

Figure universelle

Ouroboros, le serpent qui se mord la queue en se dévorant lui-même, symbolise le cycle infini de la vie et de la mort. Cette figure très forte se retrouve dans de très nombreuses cultures à travers le monde : Égypte ancienne, Grèce, Inde, Afrique... Et dans la mythologie nordique, Jörmungand, le serpent-monde, encercle la terre en tenant sa queue dans la bouche pour maintenir ensemble les continents et les océans.

Les yeux du serpent n'ont pas de paupières. Cela lui donne un regard fixe qui nous semble un peu inquiétant.

De nos jours, la couleuvre d'Esculape figure toujours sur l'emblème des médecins.

Les serpents en chiffres

- 420 : le nombre maximal de vertèbres chez un serpent.
- 10 m : la longueur maximale du python réticulé.
- 230 kg : le poids maximal d'un anaconda.
- 20 km/h : le record de vitesse du mamba noir.

Deux visions du serpent

En Asie, le serpent est souvent associé à la sagesse. Animal rusé et silencieux, il est en contact avec les forces de la terre, et peut aussi faire peau neuve, comme s'il possédait l'éternelle jeunesse. Pour les Grecs de l'Antiquité, c'est un animal respecté, capable de tuer mais aussi de guérir. Esculape, le dieu de la médecine, est représenté tenant à la main un bâton entouré d'un serpent. Mais plus tard, la tradition chrétienne a fait du serpent un animal tentateur et dangereux. Dans la Bible, c'est même de sa faute si l'homme a été chassé du paradis !

La plupart des serpents pondent des œufs. Dès sa naissance, le serpenteau devra se débrouiller tout seul.

Seuls les insectes, les petits mammifères ou les oisillons des forêts tropicales ont quelque chose à craindre de cette mygale *Brachypelma.*

Les animaux dang

Très peu d'animaux représentent une réelle menace pour l'homme. Et les plus meurtriers ne sont pas forcément ceux que l'on craint ou qui nous impressionnent le plus.
Il est temps de rétablir la vérité !

ereux

Depuis des siècles, la peur du loup est transmise aux petits enfants par les contes. Pourtant, la « beste » ne rôde plus dans nos bois !

Une réputation injuste

L'homme a longtemps jugé les animaux à leur « gueule », en leur attribuant même de mauvaises intentions. La réalité est bien différente...

Superstitions idiotes

La chouette effraie chasse la nuit, quand ses proies ne la voient pas. Au Moyen Âge, cela suffit à en faire un symbole de fourberie. On croit aussi qu'elle accompagne les sorcières. Autre mal-aimé : le corbeau. Son plumage noir, son cri rauque et son régime de charognard attirent l'antipathie. On l'appelle « oiseau de malheur » car on pense que sa présence en nombre annonce une famine ou la peste. Le sort réservé à ces oiseaux est cruel : à la campagne, on les cloue à la porte des granges pour conjurer le mauvais sort. Une pratique barbare, qui perdure encore aujourd'hui.

Peurs irraisonnées

Tu connais quelqu'un qui panique à l'idée d'être en contact avec un animal en particulier ? Cette peur a un nom : pour les araignées c'est l'arachnophobie, pour les souris la musophobie, pour les serpents l'ophiophobie... Mais d'où vient-elle ? Souvent d'une mauvaise expérience remontant à l'enfance. Devenue adulte, la personne exagère le risque que représente l'animal : elle a peur d'être attaquée, mordue, piquée... On peut travailler sur ces phobies avec un psychologue. Cela vaut mieux que de détruire d'innocentes petites bêtes parce qu'on ne les aime pas.

Il suffit souvent d'apprendre à connaître un animal pour se rendre compte de son utilité et ne plus en avoir peur.

Les piranhas se nourrissent principalement de cadavres : ils nettoient les fleuves et sont utiles. Seules 3 espèces sur 50 pourraient attaquer l'homme en période de sécheresse.

Un faux prétexte

Une mauvaise réputation peut aussi servir à camoufler un massacre. Dans l'imaginaire populaire, les requins sont de féroces mangeurs d'hommes. Et la célèbre série des *Dents de la mer* n'a rien arrangé ! Or, il existe plus de 350 espèces de requins et seules 5 sont potentiellement dangereuses pour les baigneurs. Chaque année, 75 millions de ces poissons sont pêchés pour leurs ailerons. La plupart sont mutilés avant d'être rejetés à la mer pour y mourir. Question : de l'homme ou du requin, lequel est le plus féroce prédateur ?

À qui la faute ?

Autre animal sur le banc des accusés : le tigre. Dans les Sundarbans, une région marécageuse du nord-est de l'Inde, le fauve attaque l'homme chaque année des dizaines de fois. Ses proies favorites (les cervidés) disparaissent, et des villages s'implantent illégalement sur la réserve qui lui est dédiée. Poussé par la faim, le tigre naturellement farouche finit parfois par chasser l'homme qui est pour lui une victime facile. Et quand il a goûté à la chair humaine, c'est trop tard : il y a pris goût !

Classés « nuisibles »

Chaque année, une liste de « nuisibles » est définie par chaque département. Ils seraient « susceptibles de causer des dommages à la faune sauvage protégée ou au gibier, aux récoltes agricoles. » On a le droit de leur tirer dessus, de les empoisonner ou de les capturer pour les tuer. Sur cette liste figurent souvent les mustélidés (belette, fouine, martre, putois, hermine), le renard, la pie, le sanglier… Des associations luttent pour que certains animaux (martre, belette…) en soient retirés.

On peut chasser une fouine de chez soi par des moyens pacifiques.

Qui sont les vrais tueurs ?

Pas besoin de mâchoires tranchantes ou de griffes acérées pour représenter un vrai danger. Nombre de tueurs sont tout petits, à l'image du moustique, le pire de tous.

Une vraie malédiction

Des centaines de millions de personnes sont touchées par des maladies transmises par les moustiques. Dengue, filariose lymphatique, fièvre jaune et surtout paludisme : toutes sont très graves, et peuvent conduire à la mort. Parfois, il existe un traitement, mais les gens trop pauvres ne peuvent se le payer ou n'ont pas de moyens de transport pour se rendre au dispensaire, trop éloigné. À lui seul, le paludisme tue chaque année plus de 2 millions d'individus, surtout en Afrique. Les enfants de moins de 5 ans représentent plus de 75 % des victimes.

Là où sévit le paludisme, on essaie de fournir à la population des moustiquaires imprégnées d'insecticide.

Danger sous la mer

Des espèces sous-marines possèdent un venin mortel pour l'homme. C'est le cas de la guêpe de mer (méduse des côtes australiennes et du Sud-Est asiatique), du cône géographique (mollusque de l'océan Indien et de l'océan Pacifique muni d'un dard), du poisson-pierre (mer Rouge et bassin Indo-Pacifique).

Le poisson-pierre possède 13 épines dorsales venimeuses.

Autres insectes tueurs

La mouche tsé-tsé, une grosse mouche aux ailes croisées, transmet par piqûre la maladie du sommeil, qui cause entre autres des fièvres et une fatigue intense. Sans traitement, l'espérance de vie d'un malade est d'environ 7 mois. 60 millions de personnes en Afrique vivent dans des zones infestées. Les simulies (des petites mouches) des pays tropicaux transmettent des parasites qui rendent aveugles. En Amérique du Sud, la maladie de Chagas transmise par des punaises tue 50 000 personnes par an.

Envenimements

Selon l'Organisation mondiale de la santé (OMS), les morsures de serpents causent chaque année plus de 120 000 décès, dont la plupart en Asie. Les victimes sont le plus souvent des bergers ou des paysans. En zone rurale, il est impossible d'avoir accès au sérum antivenin à temps. Les scorpions, eux, sont à l'origine de plus de 30 000 piqûres par an (dont une centaine sont mortelles) en Afrique du Nord. Même si on en réchappe, le venin peut handicaper à vie : la victime doit parfois être amputée d'un membre et peut aussi souffrir de séquelles neurologiques.

En Afrique du Nord, on apprend aux enfants à inspecter leurs chaussures le matin, à ne pas jouer près des murs de pierres sèches...

Sous nos latitudes

Dans les régions tempérées, il y a évidemment beaucoup moins à craindre. En France, il n'y pas d'araignées dangereuses, et on compte à peine un décès par an dû aux vipères. Dans le Sud, on peut être piqué par un scorpion : douloureux mais jamais grave. Il faut par contre se méfier des tiques. Ce gros acarien, qui attend dans les herbes de trouver un animal ou un homme auquel s'agripper, peut transmettre la maladie de Lyme, dangereuse à long terme. Piqué ? Visite obligatoire chez le médecin. Par précaution, il prescrira un traitement antibiotique.

Foyers de peste

En Europe, c'est une maladie d'un autre âge. Pourtant, la peste véhiculée par le rat et transmise à l'homme par des puces infectées frappe toujours en Afrique et en Asie. Il existe des traitements qui permettent de réduire la mortalité due à la maladie, mais on n'a jamais réussi à l'éradiquer totalement.

La tique attend... Après avoir trouvé un hôte, elle s'agrippera à sa peau et y enfoncera son rostre pour se nourrir de sang.

Fléaux et ravageurs

Dans les pays du Sud, certains animaux sont la terreur des cultivateurs. Ils sont là en permanence ou bien surgissent brusquement et dévastent en quelques heures une plantation.

Fléaux de toujours

Dans l'Antiquité, les criquets étaient déjà redoutés. Mais d'autres animaux peuvent ravager une récolte : chenilles, mouches, araignées, oiseaux, rongeurs... Sur le plan mondial, l'Afrique est le continent le plus menacé. Les mauvaises années, on estime dans certaines régions que les animaux causent la perte de la moitié des récoltes. En plus du désastre économique qui en résulte, ils sont aussi parfois responsables de malnutritions ou même de famines.

Plus discrètement

Certains ravageurs arrivent sur d'autres continents par avions ou par bateaux. Ainsi, depuis qu'on importe des fleurs fraîches d'Afrique ou d'Asie, on rencontre en Europe un plus grand nombre de larves de mouches et de thrips (de petits insectes allongés). En permanence, on surveille le territoire pour intervenir immédiatement en cas de problème.

Criquets et oiseaux

La population de criquets pèlerins explose quand la pluie et la chaleur se prolongent. À la première sécheresse, ils déploient leurs ailes et s'élancent en nuées. La plus grosse jamais observée fut estimée à 40 milliards d'insectes, soit 80 000 tonnes. Problème : le criquet absorbe chaque jour son propre poids de nourriture ! Autres nuages terrifiants, ceux formés par le travailleur (ou quéléa) à bec rouge d'Afrique, l'oiseau le plus répandu au monde. L'espèce nidifie dans les herbes autour des marais, avant de partir mener une vie nomade à la recherche de sa nourriture favorite... les céréales des champs cultivés !

Poussés par le vent, les criquets peuvent monter à 3 000 m d'altitude. En 1988, un essaim a parcouru 5 000 km en 5 jours, de l'Afrique aux Antilles !

Une volée de quéléas à bec rouge contient jusqu'à 30 millions d'individus ; on estime la population mondiale à 1,5 milliard.

Mouches et chenilles

Regroupées en colonnes, des dizaines de millions de chenilles « légionnaires » se déplacent de village en village. Elles dévorent les cultures et polluent par leurs déjections les puits et les cours d'eau. Une fois devenu papillon, l'insecte peut parcourir jusqu'à 100 km par nuit, avant de se poser pour pondre de nouveaux œufs. En 2009, en Guinée et au Liberia, il a dévasté plus de 100 villages. En Asie, on redoute plutôt la mouche orientale qui pond ses œufs sur les fruits (dont presque toutes les variétés sont menacées), rendant leur consommation impossible.

La femelle de la mouche orientale des fruits peut pondre 3 000 œufs durant sa vie.

Comment lutter ?

Les paysans ont peu de moyens pour lutter contre les criquets ou les oiseaux : ils font du bruit, enfument, circulent avec des bâtons... Les États utilisent des méthodes fortes : pulvérisation d'insecticides, dynamitage des lieux de ponte... Mais cela ne suffit jamais et pollue l'environnement. On recherche aussi des solutions écologiques : pulvériser des champignons parasites, empêcher la reproduction en attirant les mâles par un leurre olfactif... Par ce moyen, on a par exemple réussi à éradiquer la mouche orientale des îles Mariannes, dans l'océan Pacifique.

Les envahisseurs

Tu as déjà vu dans la nature une grosse écrevisse rouge vif, un crapaud géant, une tortue de Floride ? Ce jour-là, tu as croisé un animal qui n'a rien à faire chez nous : un « envahisseur » !

Squatters féroces

Venues d'un autre endroit de la planète, des espèces « allochtones » s'implantent dans de nouveaux milieux. Arrivées par accident ou amenées par l'homme, elles se plaisent tellement dans leur nouvel environnement qu'elles deviennent envahissantes. Elles finissent même par détruire la faune qui vivait là avant leur arrivée. Les scientifiques les surnomment des « pestes ». Et ils s'inquiètent : quand l'équilibre d'un milieu est rompu, il est très difficile de faire marche arrière. Il faudrait d'abord éliminer tous les envahisseurs avant de réintroduire les espèces « autochtones ».

L'écrevisse de Louisiane pullule : elle se contente d'eaux de qualité médiocre et elle est porteuse d'un champignon qui décime les écrevisses européennes.

Voyageurs clandestins

Les envahisseurs voyagent avec les hommes. En quelques heures d'avion ou quelques jours de bateau, ils traversent le monde incognito. Poissons, larves, œufs, invertébrés : un gros navire peut transporter des centaines d'espèces dans ses filets, sur ses ancres ou dans ses réservoirs d'eau de mer. Un cténaire (petit organisme marin) introduit accidentellement en mer Noire a ainsi totalement déstabilisé son équilibre. Le longicorne asiatique, un insecte qui tue les arbres, a, quant à lui, gagné l'Europe et l'Amérique en parasitant le bois des caisses de marchandises.

En 1968, un Français a rapporté des États-Unis des grenouilles-taureaux pour les mettre dans le bassin de son jardin. Plus de 40 ans plus tard, cet amphibien monstrueux a colonisé tout le sud-ouest de la France.

Apprentis sorciers

Encore plus bête : des envahisseurs ont été volontairement introduits par l'homme. Destinés à l'élevage, aux zoos, aux aquariums, vendus comme animaux de compagnie... ils ont été relâchés ou ont filé dans la nature ! C'est le cas du ragondin, importé d'Amérique du Sud en Europe au XIXe siècle pour sa fourrure. Aujourd'hui, il est accusé de dégrader les berges, de détruire les nids d'oiseaux aquatiques, etc. Autre exemple connu : celui des tortues de Floride. À la mode dans les années 1980-1990, elles ont ensuite été relâchées par milliers par des propriétaires inconscients. Et la tortue de Floride a pratiquement supplanté la cistude, la tortue d'eau douce européenne.

Originaires du pourtour méditerranéen, les chenilles processionnaires du pin vont vers le nord à cause du réchauffement climatique. Elles provoquent de terribles réactions d'allergies. N'y touche jamais !

Comment agir ?

Pas de solution miracle ! Si les animaux sont gros, on peut les chasser ou les piéger. Pour les insectes, on cherche un prédateur naturel, ou on fait appel à la chimie (poisons ou produits qui stérilisent les femelles). Mais on risque alors de tuer d'autres espèces utiles.

Les secrets de la réussite

Les envahisseurs ont des points communs. Ils sont très résistants, n'ont pas de prédateurs naturels dans leur nouvel environnement et sont prolifiques (se reproduisent vite et ont beaucoup de petits). Enfin, ils sont agressifs et certains amènent même avec eux des maladies fatales pour la faune locale. Quand ces conditions sont réunies, une espèce peut envahir un immense territoire. Quelques couples de lapins introduits en 1788 en Australie comptent ainsi aujourd'hui plus de 200 millions de descendants.

Que faire face à un grizzly ?

Te retrouver nez à nez avec un lion ou un ours, il y a peu de risques que cela t'arrive. Mais ailleurs dans le monde, il vaut mieux savoir comment réagir !

Ce panneau australien prévient les promeneurs de la présence de crocodiles de mer, très dangereux.

Conseils aux touristes

Les guides donnent des conseils de bon sens : ne pas planter sa tente au milieu d'une piste, ni trop près d'un point d'eau, ne pas laisser traîner de nourriture... Il faut aussi s'interdire d'approcher une femelle suivie de ses petits ou un animal blessé, et se méfier des mâles en rut. Contre les animaux qui piquent, il existe une précaution simple : inspecter ses vêtements et son sac de couchage. Des personnes se sont déjà réveillées avec un serpent lové sous le bras, attiré par la chaleur du duvet.

L'augmentation des conflits

Chaque année, les hippopotames causeraient la mort de 200 personnes, les lions 250, les éléphants 600, les crocodiles plus de 1 000. Selon l'ONU, les chiffres augmentent. La situation devient sérieuse, en particulier en Afrique où une population croissante se trouve de plus en plus souvent au contact de la faune sauvage. Des spécialistes cherchent des solutions, comme empêcher les éléphants de s'approcher des cultures en tirant sur eux des balles remplies de piment en poudre, dont ils ont horreur !

Protège-toi des attaques du tigre

Le tigre n'attaque jamais sa proie de face. Les paysans indiens se protègent alors en portant un masque derrière la tête.

- **du carton souple**
- **des feutres ou de la peinture**
- **1 élastique fin**

1. Dessine le modèle à la taille de ton visage.

2. Découpe le masque, décore-le et fixe l'élastique.

3. Mets le masque à l'arrière de ta tête. Ainsi, tu présentes 2 faces au tigre et tu es inattaquable !

Du calme !

Trop tard : te voici face à un animal sauvage. Le premier réflexe est de fuir. Mauvaise idée : l'animal peut aussitôt voir en toi une proie. Tu n'as aucune chance de gagner à la course contre un rhinocéros ou un couguar! Se réfugier dans un arbre peut paraître la bonne solution, mais nombre d'animaux (certains ours ou félins) sont aussi de bons grimpeurs. La meilleure chose à faire est de conserver son calme et d'adapter sa réaction à l'espèce.

Stratégies de survie

• Crocodile, alligator
Cours en zigzaguant. Attrapé dans l'eau ? Il faut essayer de frapper très fort le museau.

• Requin
Il faut faire des mouvements puissants, réguliers, accompagnés de cris. S'il passe à l'attaque, le frapper au museau, aux yeux ou sur les ouïes.

• Serpent
Il devient agressif s'il est surpris. Il faut rester immobile, pour lui laisser le temps de fuir. Certaines espèces de cobras crachent leur venin à plusieurs mètres : pense à protéger tes yeux.

• Lion, puma
Reste debout et essaie de paraître impressionnant en levant les bras, en ouvrant ton blouson. Regarde-le dans les yeux et parle-lui fermement. Jette vers lui des cailloux, des branches… tout ce que tu peux atteindre sans te baisser.

• Rhinocéros
Il menace ? Reste immobile. Il passe à la charge ? Cours en zigzaguant et essaie de te réfugier dans un arbre, à plus de 2 m de hauteur. Même tactique avec l'hippopotame.

• Grizzly
Il gronde ? Ne le fixe pas directement, et laisse tomber un objet qui peut le distraire et te faire gagner du temps. Il attaque ? Mets-toi en position de fœtus, le visage dans les genoux, les mains jointes derrière le cou… et fais le mort.

Le panda géant vit dans les montagnes du centre de la Chine. Il se nourrit de bambou. Mais à cause de la déforestation et de la transformation des forêts en terres agricoles, il a de plus en plus de mal à trouver sa nourriture.

Protéger

Chaque espèce vivante est le fruit d'une longue évolution, et contribue à l'équilibre de son milieu. Mais aujourd'hui, la survie de très nombreux animaux est menacée par les actions des hommes. Il y a urgence !

les animaux

L'état de la faune

1,6 milliard en 1900, presque 7 milliards aujourd'hui : les hommes sont de plus en plus nombreux. Ils « grignotent » et dégradent les espaces naturels, avec de graves conséquences pour les plantes et les animaux.

Représenté sur le logo du WWF, le panda est devenu le symbole de tous les animaux en danger.

Des chiffres accablants

Selon les estimations de l'Union internationale pour la conservation de la nature (UICN), ce sont plus de 16 000 espèces qui sont fortement menacées de disparition dans les prochaines décennies. 1 oiseau sur 8, 1 mammifère sur 4, 1 amphibien sur 3 seraient aujourd'hui en danger. Pour certaines espèces, on connaît le nombre approximatif d'individus qui vivent à l'état sauvage : 3 200 tigres, 1 600 pandas, 2 500 baleines bleues...

La déforestation, première menace

La forêt amazonienne est le milieu le plus riche au monde. Mais chaque année, 45 000 km² de cet écosystème unique sont rasés pour devenir des champs de soja, des pâturages... Au regard de la biodiversité, c'est un crime ! Des arbres et des plantes disparaissent à jamais. Des espèces animales, dont l'habitat se réduit, sont condamnées. Le problème concerne aussi les forêts tropicales d'Afrique ou d'Asie. Autre souci : la déforestation est une des causes du réchauffement climatique, qui bouleverse la faune au niveau mondial.

Des paysans sans-terre brûlent la forêt tropicale. Mais le sol ne sera fertile que pendant 2 saisons, et les hommes brûleront ensuite une autre parcelle.

Le pillage des océans

La pêche industrielle emploie parfois des méthodes irresponsables. Repérés par satellites, les poissons sont pêchés par dizaines de tonnes. Les navires rejettent parfois plus de 1/4 de leurs prises (blessées ou mortes) parce que les poissons ne sont pas ceux qu'ils « ciblaient ». Certaines populations ont diminué de façon dramatique. Les organisations qui luttent pour une pêche respectueuse ont dressé une liste de poissons dont il faut limiter la consommation. Elle comprend des dizaines de noms : thon rouge, morue, saumon de l'Atlantique, espadon, raie, flétan...

Autrefois, le grand hamster était commun dans les champs de céréales des plaines d'Alsace. Aujourd'hui, il n'en resterait que 450 en France.

Une tendance globale

Plus près de toi, la biodiversité aussi est menacée. Des animaux, autrefois communs, ont presque disparu des paysages de France métropolitaine : par exemple, le grand hamster, l'ours brun, le vison d'Europe, le lynx, la tortue cistude, certains insectes et chauves-souris... Comme partout dans le monde, cette perte est causée par la pollution, l'emploi massif d'insecticides, la réduction de l'habitat (en particulier la destruction des haies) et l'introduction d'espèces invasives. Lorsqu'une espèce a disparu, il est impossible de la recréer. Vite, il faut agir pour enrayer les menaces !

La liste rouge de l'UICN

L'Union internationale pour la conservation de la nature regroupe des organismes gouvernementaux et non-gouvernementaux (ONG) du monde entier. En collectant leurs informations, elle établit l'inventaire le plus complet de l'état de la flore et de la faune. Selon les menaces qui pèsent sur une espèce, elle est classée « en danger critique d'extinction » (« CR », *critically endangered*), « en danger » (« EN », *endangered*), « vulnérable » (« VU », *vulnerable*), « quasi menacée » (« NT », *near threatened*), « préoccupation mineure » (« LC », *least concern*).

Disparus à jamais

La disparition d'une espèce entraîne souvent des déséquilibres en chaîne. Par exemple, si un insecte pollinisateur s'éteint, les plantes qui dépendaient de lui pour la reproduction mourront elles aussi… C'est à chaque fois une immense perte.

Depuis 1985, aucun grèbe roussâtre de Madagascar n'a été observé. L'espèce a été déclarée « éteinte » par l'UICN en mai 2010.

Tout s'accélère

Le monde vivant est en perpétuelle évolution. Aucune espèce n'est immortelle. D'après les paléontologues, chacune « dure » en moyenne 5 millions d'années, avant d'évoluer suffisamment pour devenir une nouvelle espèce ou s'éteindre. En temps normal, on estime qu'une dizaine d'espèces animales disparaissent chaque année. Or, d'après le WWF, en 2010 (Année internationale de la biodiversité) on était à plus de 1 000 disparitions par an. Une situation d'urgence, qui pourrait mener à l'horizon 2100 à une extinction de masse.

Le clonage

En 2009, on a réussi à ressusciter par clonage un animal disparu, le bouquetin des Pyrénées, à partir de cellules prélevées sur une peau congelée. Mais l'animal est mort rapidement ; cette science est encore débutante. De toute façon, préviennent les chercheurs, on ne clonera jamais un mammouth laineux ou un dinosaure ! Même si de tels embryons pouvaient être « fabriqués », il n'y aurait pas de mères porteuses adaptées parmi les animaux actuels.

Disparus… ou presque

Une espèce est considérée comme « disparue » quand on ne l'a plus observée dans la nature depuis au moins 20 ans, et qu'il n'existe plus d'individus en captivité. D'autres sont dites « disparue à l'état sauvage » mais il reste quelques animaux dans des zoos. Il y a parfois aussi de bonnes surprises : ce fut le cas en 2008 au Viêtnam, quand on aperçut dans un lac une tortue géante *Rafetus swinhoei*, que l'on croyait disparue à l'état sauvage. Mais même dans le cas où il reste quelques individus, cela ne suffit pas à garantir la survie de l'espèce, faute de diversité génétique suffisante.

Le dodo, pour l'exemple

Ce gros oiseau dodu était une espèce abondante sur l'île Maurice. Il mesurait 1 m de haut, pesait 20 kg, était incapable de voler et ne craignait pas l'homme. Découverte en 1598, l'espèce s'éteignit moins d'un siècle plus tard. Les responsables ? Les Européens, qui chassaient cette proie facile. Mais aussi les animaux introduits sur l'île : porcs et macaques surtout, qui s'en prenaient aux œufs dans les nids. Si le dodo est devenu un symbole, c'est qu'il est l'exemple type d'une disparition due à l'homme, aussi rapide que brutale.

Pauvre dodo ! Au XIXe siècle, on doutait même que l'animal eût jamais existé, et c'était un sujet de plaisanterie chez les marins.

Benjamin, la dernière louve de Tasmanie, est morte au zoo de Hobart en 1936.

Dans l'indifférence

La première cause de disparition d'une espèce animale est la destruction de son habitat naturel, surtout dans les forêts tropicales. Les insectes et les petits vertébrés sont les plus concernés. Mais bien sûr, on se souvient avant tout des grands animaux. Ainsi, le loup de Tasmanie, un mammifère carnivore qui avait la particularité d'être un marsupial (dont la femelle porte son petit dans une poche), régnait sur l'Australie et la Tasmanie depuis 2 millions d'années. Chassée par les fermiers, l'espèce s'est éteinte dans les années 1930.

Sur les 330 espèces de psittacidés (perruches, perroquets...), 1/3 est en grave danger d'extinction. Plus de la moitié fait l'objet de trafic, comme cet ara hyacinthe, qui se négocie à plus de 1 000 euros.

Tristes trafics

Le trafic animal est le troisième plus gros commerce illégal dans le monde, après le trafic de drogues et des armes. Tous les pays sont concernés : comme fournisseurs ou comme clients.

Profits maxi, risques mini

Le WWF estime à 15 milliards d'euros le chiffre d'affaires mondial annuel du trafic d'animaux, mais on parle aussi de 40 milliards. On distingue 2 secteurs : la capture et l'exportation illégale d'animaux sauvages, et l'élevage clandestin d'animaux de compagnie. Facilités par Internet, ces trafics sont en hausse constante. Pourtant des lois existent, et la douane agit. Mais les associations de défense reprochent à la justice son laxisme : les peines encourues ne sont pas assez lourdes, et les amendes trop faibles... lorsqu'elles sont appliquées.

Braconnage planétaire

En Afrique, en Asie, en Amérique du Sud, le braconnage fait vivre des milliers de familles, exploitées par des rabatteurs locaux. Leurs prises ? Des animaux vivants, destinés surtout à l'Europe et à l'Amérique du Nord, ou des parties d'animaux massacrés, et cela pour des usages d'utilité plus que douteuse. Ainsi, la corne de rhinocéros se revend une fortune en Asie. Résultat, près de 200 rhinocéros (sur une population estimée à 16 000) sont tués chaque année en Afrique du Sud ou au Zimbabwe, juste pour leurs cornes.

La CITES

Signée à Washington en 1973, la CITES, sigle anglais pour la Convention sur le commerce international des espèces de faune et de flore sauvages menacées d'extinction, est appliquée aujourd'hui par plus de 175 pays. Elle concerne 27 000 espèces vivantes qui sont classées par catégories, en fonction de leur niveau de protection. 800 espèces sont totalement interdites de commerce (gorilles, lémuriens, certains perroquets...), les autres sont surveillées.

Viande de brousse

En Afrique, c'est ainsi qu'on désigne la viande d'animal sauvage vendue sur les marchés : coupés en petits morceaux, on y trouve de l'antilope, de la chauve-souris, du serpent, ou même du singe.

Les chiens de la honte

Depuis les années 1990, des élevages clandestins de chiens de race sont organisés dans les pays d'Europe de l'Est : Roumanie, Slovaquie, Hongrie, Pologne... Les femelles sont élevées dans des hangars, sans voir la lumière du jour. Les petits leur sont retirés très tôt, puis vendus autour de 250 euros pièce à des trafiquants. Après avoir transité par l'Espagne, les Pays-Bas ou la Belgique, les animaux sont vaccinés, pourvus de faux-papiers et vendus au public dans des animaleries peu scrupuleuses, jusqu'à 2 000 euros.

Vu à la douane

Pour lutter contre le trafic d'animaux, la douane joue un rôle primordial. À l'aéroport de Roissy, à Paris, on effectue en moyenne une saisie par jour : tortues, serpents, grenouilles, perroquets, singes, insectes et même félins... Parfois, ce sont des dizaines de kg d'ivoire brut, ou 1 300 mygales vivantes dans une valise. Une animalerie de 2 000 m² accueille les animaux saisis. Ensuite, certains sont remis à des muséums, des zoos, des lieux d'accueil appropriés. Souvent aussi, ils sont hélas euthanasiés.

En Asie, certains croient à tort, que la corne de rhinocéros, les moustaches de tigre ou la poudre d'hippocampe donnent de la vigueur.

Le travail des associations

Pour protéger la nature et les animaux, des associations se battent depuis longtemps. C'est souvent grâce à leurs initiatives que des lois ont pu être votées.

En travaillant sur le terrain, les associations acquièrent des connaissances très riches. Certaines sont reconnues comme des expertes dans un domaine, par exemple sur une espèce animale.

Très utiles

Une association est composée de personnes qui se regroupent non pour faire des profits, mais par exemple pour défendre une idée. Des associations de défense de la nature et des animaux, il en existe des dizaines de milliers dans le monde. Elles fonctionnent en majorité avec des bénévoles. Ils mènent des campagnes d'information pour sensibiliser le public, agissent sur le terrain (pour compter des animaux, nettoyer un cours d'eau…), collectent des données naturalistes utiles à la science. Leur travail est inestimable. Les associations jouent aussi un rôle de sentinelle : si elles constatent des infractions aux lois sur l'environnement, elles peuvent saisir la justice.

Facile d'agir !

Dans certaines régions, la SPA a mis en place des « Clubs jeunes » (de 11 à 17 ans). D'autres associations leur sont entièrement destinées, comme les 300 clubs CPN (Connaître et protéger la nature) qui proposent de faire des sorties et d'agir en faveur de la faune et de la flore.

Grandes ou petites

Avec 5 millions de donateurs, le WWF (World Wide Fund for Nature) est la première organisation mondiale.
En France, c'est la LPO (Ligue pour la protection des oiseaux) qui compte le plus de membres (environ 45 000). Mais il existe aussi de plus petites associations, qui ont été créées autour d'une espèce, d'un espace naturel ou d'une région. Il n'y a pas d'âge pour s'engager : renseigne-toi et tu verras qu'autour de chez toi il y a des dizaines de structures prêtes à accueillir les bonnes volontés.

Des actions chocs

Pour faire passer leur message, les associations emploient parfois la manière forte : une façon de frapper l'opinion et d'impliquer les citoyens. Elles lancent des pétitions, organisent des manifestations, appellent au boycott de certains produits, diffusent des publicités chocs, par exemple contre le port de vêtements en fourrure. La plus connue est Greenpeace. Elle mène des actions non-violentes très remarquées : accoster un navire baleinier, installer une banderole géante sur une usine polluante, dénoncer une marque utilisant du cacao venu de régions où la déforestation menace les orangs-outans...

La SPA

La Société protectrice des animaux est célèbre. Mais sais-tu qu'elle fonctionne principalement avec des bénévoles ? Organisée en confédération nationale, elle regroupe plus de 250 associations qui œuvrent pour la cause animale, contre les abandons, l'expérimentation en laboratoire, la corrida... Plus de 50 refuges SPA recueillent des animaux perdus, abandonnés ou maltraités.

Les associations ont du pouvoir. Elles font entendre la voix des citoyens et gagnent des batailles qui font évoluer la loi.

Les zones protégées

Pour sauvegarder les sites remarquables et la biodiversité, des territoires protégés ont été aménagés partout dans le monde. Mais il reste encore beaucoup à faire.

Quelques chiffres

Le premier parc national, Yellowstone, fut créé en 1872 aux États-Unis. Aujourd'hui, le Programme des Nations unies pour l'environnement (PNUE) recense plus de 100 000 sites protégés, situés sur les 5 continents. Cela représente 20 millions de km^2, soit 6 % environ des terres. Pour les océans, les choses sont encore balbutiantes : alors qu'ils couvrent 71 % de la surface du globe, moins de 1 % fait partie d'un programme de sauvegarde.

Des statuts différents

Une aire protégée, c'est : « une portion de terre ou de mer vouée à la protection et au maintien de la diversité biologique, ainsi que des ressources naturelles et culturelles associées ». Toutes répondent à cette définition de l'UICN, mais chaque pays a sa législation. On trouve donc des structures avec des niveaux de protection divers. Il existe des réserves naturelles intégrales (où l'activité humaine est interdite), des réserves de biosphère (où protection et développement durable sont associés), des parcs nationaux (où seuls le tourisme et la recherche sont autorisés), etc.

En France

Il y a 3 types de parcs naturels : parcs nationaux (9), parcs régionaux (46), et parcs marins (2). Le plus ancien est le parc national de la Vanoise (Rhône-Alpes), créé en 1963 pour sauvegarder le bouquetin des Alpes. Dans chaque parc, une maison accueille les touristes, pour leur faire découvrir la faune, la flore, les randonnées. Rends-leur visite !

Les réserves offrent des paysages somptueux, comme ces hauts plateaux du parc national Lauca au Chili.

Mille visages, un même but

Déserts, forêts pluviales, savanes, mangroves, la toundra... parmi les réserves naturelles, on trouve tous les biotopes remarquables. Parfois gérées par les États, elles peuvent aussi l'être par des ONG, ou même par des fonds privés. Mais leurs objectifs concordent : préserver l'air, l'eau et le sol de toute pollution, et permettre aux animaux de vivre en paix. Le PNUE souligne que les parcs situés à cheval sur des frontières ont aussi une dimension pacificatrice auprès des hommes.

Dans certaines réserves vivent des animaux qu'on ne trouve nulle part ailleurs, comme cette grenouille moussue du parc de Tam Dao, au Viêtnam.

Réserves familiales

Depuis 1921, la LPO propose aux particuliers de faire de leur propriété un refuge, même s'ils ne possèdent qu'un balcon. Il faut s'engager à ne pas employer de produits chimiques, faire bon accueil aux oiseaux et aux autres animaux. Contre une somme assez modique, on reçoit un kit (nichoir, panneau, guides). Il existe plus de 9 000 refuges LPO, couvrant presque 15 000 ha. Ils constituent le premier réseau de jardins écologiques en France !

Des menaces qui pèsent

Tout n'est pas parfait ! Dans les pays pauvres, les réserves manquent de personnel et de moyens. D'autres sont confrontées à des problèmes cruciaux : braconnage, orpaillage illégal, déboisement... Principale erreur : en Afrique et en Asie, des réserves ont été créées sans tenter d'intégrer les populations aux projets. Les hommes se sont alors sentis dépouillés de leurs terres. Quant à l'argent du tourisme, il profite le plus souvent à quelques personnes, mais n'enrichit pas les communautés locales.

Une visite au zoo

On peut ne pas aimer l'idée de voir des animaux enfermés… Mais les parcs zoologiques sont aussi des lieux de vie, qui jouent désormais un rôle dans la préservation des espèces.

L'âge des cages

Le premier zoo moderne à vocation scientifique fut la ménagerie du Jardin des plantes ouverte à Paris en 1794. Au XIXe siècle, le nombre des zoos augmente, faisant souvent apparaître des décors luxueux. En revanche, on ne se soucie guère du bien-être des animaux, considérés comme des « machines vivantes ». Si on s'efforce de les maintenir en bonne santé, c'est parce qu'ils coûtent cher. On estime qu'à cette époque, pour un animal parvenu vivant à un zoo en Europe, 15 ou 20 sont morts, soit au moment de leur capture, soit des suites d'une maladie ou de mauvais traitements.

De plus en plus de zoos, comme celui de Taronga à Sydney (Australie) aménagent des « espaces naturels » où se côtoient plusieurs espèces.

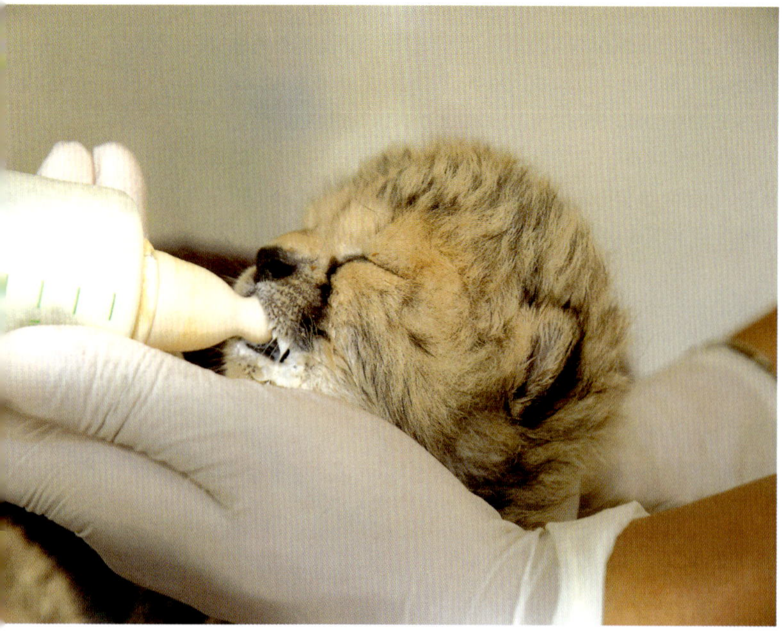

Un bébé faible à la naissance, malade, dont la mère refuse de s'occuper, est accueilli à la nurserie. Ici, un petit guépard au zoo de La Palmyre, près de Royan.

Un nouveau rôle

À partir des années 1960, la représentation du zoo commence à changer dans l'opinion. Les grands zoos, comme celui de San Diego en Californie, montrent l'exemple en offrant aux animaux des espaces plus vastes et de meilleures conditions de vie. On réalise aussi que de très nombreuses espèces sont menacées, et que les espaces zoologiques ont un rôle important à jouer. Un zoo ne doit plus seulement distraire, mais il doit aussi informer et éduquer le public (donc les enfants) à la défense de l'environnement.

Programmes de sauvegarde

Depuis les années 1970, plusieurs structures internationales ont été créées pour sauver les espèces menacées. Au niveau mondial, la plus importante est le CBSG (Groupe spécialisé en élevage conservatoire), qui regroupe plus de 900 spécialistes. Ces professionnels des zoos, zoologistes, écologistes de terrain, etc. sont chargés de coordonner des programmes d'élevage et de réintroduction d'espèces dans la nature. En Europe, depuis 1999, l'EAZA (Association européenne des zoos et aquariums) conduit des programmes d'élevage concernant environ 70 espèces, basés sur des systèmes d'échanges et de dons entre zoos.

Les zoos et la science

Les jardins zoologiques ont aussi une fonction importante dans divers domaines de la recherche scientifique : la zoologie bien sûr, mais aussi l'écologie, l'éthologie (étude du comportement), la parasitologie ou la médecine vétérinaire. Si des établissements plus modestes ne font qu'accueillir des étudiants, d'autres disposent de laboratoires pour mener des programmes de recherche.
Ils travaillent par exemple sur la reproduction assistée, la nutrition ou le traitement des maladies.

Des parcs privés

En France, on compte près de 150 parcs animaliers, zoos ou aquariums, dont la taille varie de quelques ha à plusieurs centaines d'ha. La plupart sont privés, et ces entreprises ne fonctionnent qu'avec l'argent des visiteurs. Pourquoi l'entrée d'un zoo coûte-t-elle souvent assez cher ? Parce qu'il faut payer des dizaines d'employés (soigneurs, gardiens, vétérinaires, agents d'entretien...) et assurer le soin et l'entretien de centaines d'animaux tout au long de l'année.

Le lémur au yeux turquoise, originaire de Madagascar, fait l'objet d'un programme de protection européen regroupant une douzaine de zoos.

Quelques bonnes nouvelles

Les effectifs de certains animaux, auparavant classés parmi les espèces les plus menacées, sont en augmentation. Leur statut reste fragile, mais les efforts de protection donnent des résultats.

En 1970, il ne restait que 200 tamarins lions dorés dans la nature. Aujourd'hui, grâce aux programmes de reproduction et de réintroduction, ils sont environ un millier.

Timides progrès

Les études de l'UICN, basées sur des observations de terrain, révèlent des résultats positifs. On estime que 16 espèces d'oiseaux ont évité l'extinction grâce aux programmes institués depuis 15 ans, et que 37 mammifères du monde entier ont vu leur statut s'améliorer. C'est le cas du furet à pattes noires (États-Unis), de la loutre d'Europe, du renard volant de Ryukyu (Japon), etc. Des espèces classées « vulnérables » passent par exemple dans le groupe « en danger » : leur situation s'améliore un peu. Même si l'espoir de les sauver existe, on ne peut pas encore crier victoire.

Sur tous les fronts

Ces bonnes nouvelles sont dues au travail de vigilance et de protection effectué par les personnes engagées dans la défense de la nature. Les actions, menées sur tous les continents, sont diverses : parvenir à interdire la chasse d'une espèce ou une technique de chasse (gluaux, pièges...), acheter des terres en vue de la sauvegarde d'un animal en particulier, créer une réserve naturelle avec implication de la population locale dans une gestion écologique, lutter de façon accrue contre le braconnage, protéger les animaux nouveau-nés...

Naissances assistées

Certaines espèces menacées ont une fécondité faible ou se reproduisent mal en captivité. C'est le cas du panda géant. Depuis 1978, on utilise l'insémination artificielle avec succès. Chaque année en Chine, une vingtaine de bébés pandas voient ainsi le jour !

Le pari de la réintroduction

Une espèce n'existe plus dans l'un de ses milieux naturels ? On tente parfois de la réintroduire. Les animaux relâchés sont soit issus des programmes d'élevage des zoos, soit des individus sauvages prélevés dans une région où les effectifs sont plus importants et les données écologiques identiques. L'opération est parfois couronnée de succès (oryx d'Arabie, castor d'Europe...), mais pas toujours ! Il faut de bonnes conditions de vie pour l'espèce, pas de dérangement (bruit, pollution), suffisamment de partenaires... Enfin, il faut que les hommes soient prêts à renouveler la cohabitation avec l'animal. En France, certains s'opposent par exemple à la réintroduction de l'ours.

Les « corridors biologiques » permettent la circulation des animaux, et favorisent aussi les rencontres et la reproduction entre des groupes voisins.

La belle histoire des *takhi*

Vers 1970, le cheval de Przewalski, le dernier cheval sauvage, s'est éteint dans les steppes d'Asie centrale. Seules quelques centaines d'individus subsistaient dans des zoos. À l'initiative d'une éthologue, Claudia Feh, une réserve fut créée en 1990 au Villaret (Lozère) pour replacer des animaux dans des conditions de vie sauvage. Les chevaux s'adaptant parfaitement, une partie du troupeau a été réintroduite dans son berceau de Mongolie entre 2004 et 2005. Depuis, des *takhi* (« chevaux » en langue mongole) galopent à nouveau en liberté.

Ce cheval de Przewalski retrouve la vie sauvage. L'adaptation sera dure : il fait souvent jusqu'à –50 °C dans la région de Khomiin-Tal, en Mongolie, et les chevaux doivent parfois se défendre contre les loups.

Leurs mères ont été tuées par des braconniers. Après un séjour dans un orphelinat, on essaiera de réintroduire ces éléphanteaux au sein d'un troupeau sauvage.

Histoires autour du

Chaque culture a développé des relations extraordinaires entre l'homme et certains animaux. Venues du fond des temps, ou beaucoup plus récentes, en voici quelques exemples étonnants.

monde

En Océanie

Longtemps isolées du reste du monde, ces îles « lointaines » abritent des animaux uniques... Et des coutumes très curieuses aux yeux d'un étranger !

Le crabe rouge est une espèce terrestre, spécifique à l'île Christmas. Il vit dans des terriers au cœur de la forêt.

Les crabes rouges de l'île Christmas

Chaque année, à la saison des pluies, les crabes rouges de l'île Christmas migrent par millions. Ils vont de la forêt vers la mer pour s'y reproduire. Les habitants s'adaptent : ils roulent lentement, ferment les maisons pour ne pas être envahis. Puis, 2 mois plus tard, les petits crabes éclosent. Au bout de 1 mois encore, ils rejoignent la jungle. Pour les aider, les enfants les ramassent et les portent dans des seaux jusqu'à la forêt !

Au secours des bébés kangourous

50 espèces de kangourous vivent en Australie et sur les îles voisines. Ce sont les mascottes du pays. Pourtant, la cohabitation avec l'homme n'est pas facile : les fermiers accusent les marsupiaux de pulluler et de grignoter les pâtures des moutons. Mais les kangourous ont aussi leurs défenseurs : les bébés des femelles écrasées sur les routes sont recueillis dans des orphelinats.

Les sacs suspendus rappellent aux jeunes orphelins la poche de leur maman.

Les « fleurs volantes » de Papouasie

Les forêts de Papouasie-Nouvelle-Guinée abritent de merveilleux papillons, qui sont très recherchés. Pour les protéger, le gouvernement a mis en place le *Butterfly ranching*. Le système ? Les gens font pousser des plantes qui attirent les papillons. En échange, ils ont le droit de récolter leurs œufs. Une partie des papillons adultes pourra être vendue, tandis que l'autre sera relâchée dans la nature. Ainsi, les populations de papillons restent stables et il n'y a pas de trafic illégal.

Ces papillons font vivre de nombreuses familles, qui ont d'autant plus intérêt à protéger la nature !

Une terre peuplée d'esprits

Les aborigènes sont arrivés en Australie il y a plus de 50 000 ans. Leur culture est basée sur le « temps du rêve » : selon eux, des animaux géants, comme le serpent, ont créé la vie. Les montagnes, les fleuves, les déserts sont leurs corps. Les esprits de ces créatures sont enfermés dans la terre… qui est sacrée !

La danse du python

Une fois par an, en Mélanésie, l'ethnie Baining (qui vit sur l'île de Nouvelle-Bretagne) honore les personnes récemment décédées. Dans une clairière, à la nuit tombée, les hommes parés de masques rituels exécutent une danse du feu. Autour de leurs bras s'enroulent des pythons capturés dans la forêt. Ces animaux sont emblématiques de leur peuple.

Le python n'a pas de venin, mais sa morsure est douloureuse.

En Asie

Dans la taïga, aucun peuple ne survivrait sans la présence des animaux. Ailleurs, l'homme et l'animal s'entraident pour chasser ou pêcher.

Chaque année, une célèbre compétition réunit les meilleurs chasseurs et leurs aigles royaux.

L'aigle du Kazakhstan

Dans la steppe, les paysans capturent de jeunes aigles femelles, réputées plus agressives que les mâles. Ils les dressent pour la chasse. Le chasseur se tient à cheval, le rapace (qui pèse 6 à 7 kg) est posé sur son bras. Dès que l'aigle repère un lièvre, un renard, ou même un loup, il s'envole et s'élève avant de fondre en piqué sur sa proie. Le chasseur le suit au galop : il faut rejoindre l'oiseau avant que la prise ne soit abîmée !

En Sibérie, le peuple des rennes

Les Nénètses sont un peuple de nomades qui évolue en Sibérie sur un territoire 2 fois plus grand que celui de la France. Leur mode de vie traditionnel est basé sur l'élevage des rennes : les Nénètses déplacent leurs campements pour trouver les pâturages de lichen dont se nourrissent leurs animaux. Les rennes leur fournissent la viande, et les peaux pour se vêtir et fabriquer leurs tentes, appelées « tchoums ».

40 000 Nénètses vivent sur un territoire immense, entre l'Europe et l'Asie. Ils parcourent chaque année des milliers de kilomètres en traîneau.

Tandis que l'homme rame sur le lac, les oiseaux plongent et pêchent sans relâche autour de la barque.

En Chine, le cormoran rapporte le poisson

Situé dans les montagnes du sud-ouest de la Chine, le lac Erhai est une source de nourriture importante pour l'ethnie Bai. Chaque pêcheur possède plusieurs cormorans dressés. Autour du cou de chacun, il noue un lacet. Ainsi, l'oiseau peut avaler les plus petits poissons tandis que les gros restent coincés dans sa gorge. Quand il revient se poser sur la barque, le pêcheur n'a plus qu'à lui faire régurgiter les poissons. Il y en a souvent 4 ou 5, encore vivants !

Les cobras cracheurs de l'Inde

Les tribus Irulas, qui vivent dans le sud de l'Inde, ont une grande habitude des forêts sèches où les serpents foisonnent : ils chassaient autrefois les cobras pour leur peau. À présent, l'espèce est protégée mais les Irulas ont fondé une coopérative. Ils attrapent désormais les serpents pour extraire leur venin, qui sert à produire des vaccins. Les cobras sont conservés dans des pots, puis, après 4 prises de venin, ils sont relâchés dans la nature.

Les dromadaires sont habitués au portage (jusqu'à 400 kg) et à la lente marche en procession, au rythme de 30 à 40 km par jour...

En Afrique

Dans la savane ou le désert, l'animal est la plus grande richesse. L'Afrique est aussi la terre des fétiches et des esprits, où la magie n'est jamais loin.

La récolte du miel au Cameroun

Chez les peuples des hauts plateaux du Cameroun, les « chasseurs de miel » repèrent les ruches sauvages dans les arbres et grimpent chercher les galettes de miel à mains nues. Pour se protéger des piqûres, les hommes se recouvrent le corps de fibres végétales dégageant une odeur qui fait fuir les abeilles. Mais leurs mains, elles, finissent couvertes de cloques.

Une fois par an, des hommes aux allures étranges viennent récolter le précieux nectar.

Le dromadaire du désert

Depuis près de 4 000 ans, des caravanes chargées de sel, de dattes ou de marchandises traversent le Sahara. Elles sont aujourd'hui moins importantes qu'autrefois, mais elles demeurent vitales pour les peuples nomades. Et la police de certains pays, comme la Mauritanie ou la Jordanie, utilise aussi des dromadaires comme montures !

Au Kenya, les Massaïs dépendent de leurs animaux

Chaque famille possède des chèvres, des moutons et surtout des vaches. Les animaux constituent leur unique source de nourriture, car les Massaïs ne cultivent rien, ne pêchent pas et ne chassent pas. Le plus souvent, leur repas est constitué de lait mélangé à du sang prélevé au cou d'un bovin, sans le tuer. La viande n'est consommée que rarement ; elle est réservée à de grandes cérémonies.

Les Massaïs pensent que le dieu Engai leur a offert la possession de toutes les vaches du monde.

Le rendez-vous rituel des hyènes

Dans la ville d'Harar, en Éthiopie, le soir venu, les hyènes se rassemblent autour d'un « nourrisseur » venu leur donner de la viande fraîche. Et ce rituel dure... depuis plus de 1 000 ans ! La nuit, les animaux viennent librement rôder dans les rues pour débarrasser la ville de ses ordures. Résultat : alors que partout ailleurs ce sont des animaux redoutés, jamais les hyènes d'Harar n'ont attaqué un homme !

Sauvages et puissantes, les hyènes viennent par groupes de 10 chercher leur pitance jusque dans la bouche de l'homme !

En grandissant, le macareux gagne son bec très coloré, qui lui donne le surnom de « clown de mer ».

En Europe

Sur notre vieux continent pétri de traditions, l'animal occupe encore une place de choix. Il suffit de sortir de la ville pour s'en rendre compte !

En Islande, les enfants sauvent des oiseaux

Sur les falaises des îles Vestmann, au sud de l'Islande, nichent des milliers de macareux moines. Début août, la nuit, les jeunes prennent leur envol. Maladroits, désorientés par les lumières de la ville d'Heimaey, les oiseaux se posent dans les rues, sur les routes. Les enfants les recueillent dans de grands cartons. Le lendemain, ils les ramènent à la falaise et les relâchent en direction de l'Océan.

Les vaches célèbrent le printemps

En hiver, les vaches restent au chaud à l'étable. Le printemps venu, elles regagnent les prés pour brouter des herbages tout frais. En Suisse, en Autriche ou encore en France, dans la région de l'Aubrac, une tradition ancestrale perdure. Les animaux, parés de fleurs, de drapeaux et de cloches, parcourent quelques dizaines de kilomètres vers les plateaux. Les veaux, eux, suivent leur mère... en camion !

La montée à l'estive est un moment de fête qui attire les touristes.

Le camargue, rendu célèbre par l'histoire de *Crin-Blanc*, est l'une des plus anciennes races de chevaux au monde.

En Camargue, les chevaux galopent en liberté

En France, dans le delta marécageux du Rhône, de petits chevaux blancs vivent en semi-liberté. Leur existence est dure : les camargues doivent résister au mistral glacial, au soleil brûlant, aux piqûres de moustiques... Vers l'âge de 3 ans, ils sont capturés par les gardians qui les utilisent pour mener les troupeaux de taureaux destinés à la tauromachie et aux courses camarguaises. Les chevaux ont grandi à leur contact : ils n'en ont pas peur !

Gardien de troupeaux

Le patou est un très grand chien d'origine pyrénéenne. Au Moyen Âge déjà on l'employait à surveiller les troupeaux et protéger les châteaux. Son rôle n'est pas de rassembler les moutons, mais de les défendre contre d'éventuels agresseurs, comme les loups et les chiens errants. Il est moins attaché au berger qu'au troupeau, dont il se considère comme un membre !

Très puissant, le patou peut dépasser 60 kg.

En Amérique

De la banquise à la forêt équatoriale, on trouve sur ce continent tous les milieux, tous les types d'animaux, et 1 000 histoires étonnantes !

Au Groenland, les chiens ouvrent la route

Comment peut-on couvrir de longues distances sur la neige ? En traîneau ! Depuis toujours, les Inuits du Groenland utilisent des chiens d'attelage. Ces derniers sont attelés par paire ou en file indienne. Énergiques et endurants, ils permettent de transporter de lourdes charges ou de partir en chasse. Leur flair leur permet de repérer un phoque ou un ours de très loin !

On trouve aujourd'hui moins d'attelages que de motoneiges, mais les chiens sont toujours utilisés.

L'écureuil chouchouté

L'habitat naturel de l'écureuil gris de Caroline, c'est bien sûr la forêt. Mais le p'tit lutin est malin : il s'est établi dans les jardins publics des villes américaines et canadiennes où il est beaucoup plus facile de trouver à manger, surtout en hiver. Largement moins farouche que son cousin l'écureuil roux, il s'approche si on lui tend à manger et n'hésite pas parfois à aller chaparder sur la nappe du pique-nique !

L'écureuil gris fouille dans les poubelles du parc pour se nourrir des friandises abandonnées par les promeneurs.

Au moment de la tonte, on en profite pour examiner les vigognes et les soigner.

La tonte de la vigogne

La vigogne est un petit camélidé qui vit sur les hauts plateaux des Andes. Les hommes n'ont jamais réussi à la domestiquer. Pourtant, l'animal est couvert de la laine la plus chaude au monde. Au Pérou, les paysans organisent chaque année une « battue » légale : ils capturent les animaux pour les tondre. L'argent de la laine, revendue très cher, les aide à vivre.

En automne, se forment des nuages de papillons

Dès que le temps se rafraîchit, des millions de papillons monarques quittent la région des grands lacs d'Amérique du Nord. Ils s'envolent vers le sud, pour y hiberner et se reproduire, effectuant un très long voyage de 3 600 km. À leur arrivée en Californie et au Mexique, les hommes sont là pour admirer le spectacle. Selon certaines croyances indiennes, les papillons représentent les âmes des morts qui reviennent saluer les vivants...

Chasseur d'alligators

Dans les années 1960, des mesures ont été prises pour protéger les alligators de Floride. Leur population actuelle dépasse 1 million. Chaque année, pendant 2 mois, on a cependant le droit de les chasser. Mais il faut acheter un permis (cher !) et le nombre de reptiles est limité à 2 par chasseur… avec interdiction d'utiliser une arme à feu ! Qui veut affronter un alligator à la lance ou au coutelas ?

On pense que les papillons retrouvent leur route grâce au soleil.

Bestiaire imaginaire

Longtemps, les hommes crurent en l'existence d'animaux incroyables. Le monde était si vaste, et les récits des voyageurs… souvent si fantaisistes !

Sur la piste du yéti

Dès le XIXe siècle, on évoque en Europe cet animal étrange : une sorte de grand singe anthropoïde vivant en solitaire sur les hauteurs de l'Himalaya. En 1951, une expédition rapporte des photos d'empreintes. Puis les témoignages se succèdent, et on trouve même une touffe de poils… Hélas, celle-ci se révéla appartenir à une variété de chèvre d'altitude ! À ce jour le mystère reste entier, tout comme pour d'autres hommes sauvages : le bigfoot aux États-Unis, l'almasty dans le Caucase, le mapinguari au Brésil…

Le migou, comme l'appellent les Tibétains, n'existe probablement que pour ceux qui y croient…

Le phénix ne meurt jamais !

Apparu en Arabie, connu en Grèce, en Chine et dans le monde islamique, cet oiseau géant est censé vivre jusqu'à l'âge de 1 000 ans. On dit aussi qu'il ne peut en exister qu'un seul à la fois. Quand il sent sa fin venir, il construit un nid de branches aromatiques et d'encens avant d'y mettre le feu. Des cendres de ce bûcher surgit alors un nouveau phénix…

Dans toutes les mythologies, le phénix symbolise les cycles de mort et de résurrection.

La légende européenne du serpent de mer ressemble à celle du dragon asiatique.

Le regard du basilic

Dès l'Antiquité grecque apparaît la figure de ce reptile imaginaire, une sorte de roi des serpents dont le seul regard peut tuer un homme. Plus tard, au Moyen Âge, le basilic devient une sorte de coq à queue de dragon. Son regard désormais peut aussi cuire un oiseau en plein vol ou flétrir un arbre ! Heureusement, il existe un moyen de se défendre : présenter au basilic un miroir ou un morceau de métal poli. En voyant son reflet, il se détruit lui-même.

Le serpent de mer

En 1555, un texte mentionne pour la première fois l'existence de cette créature étrange. Dans les ports, les marins exagèrent volontiers : « Sans nageoires ni pattes, il mesurait 50 mètres et s'est enroulé autour du navire ! » En réalité, on pense que certains animaux marins bien réels, comme le calamar géant ou le régalec, ont pu inspirer ce mythe.

Le loup-garou

Au Ve siècle avant J.-C., le grec Hérodote évoque les Neures, un peuple nordique qui se changerait en loups quelques jours par an. Bien plus tard, dans l'Europe du Moyen Âge, naît la légende du loup-garou : on le devient à la suite d'un malheur ou d'un mauvais sort. Chaque nuit de pleine lune, le possédé rejoint la forêt. Son visage s'allonge, des griffes lui poussent, son corps se couvre de poils... Et il dévore le premier venu, à moins qu'on ne parvienne à le tuer avec un poignard en argent !

La peur du loup a donné naissance à ce monstre effrayant et fascinant, car il représente aussi la « bête » qui sommeille en nous.

« On peut juger de la grandeur d'une nation par la façon dont les animaux y sont traités. »
Le Mahatma Gandhi

COPAIN DES ANIMAUX

CAHIER PRATIQUE

Les métiers

Vétérinaire

Le bon diagnostic

Travailler auprès des animaux, les aider à guérir : le métier de vétérinaire fait beaucoup rêver. Il est aussi très exigeant et nécessite de longues études.
Le vétérinaire doit être à la fois médecin généraliste, nutritionniste, dentiste, radiologue, anesthésiste, et même chirurgien. Il lui faut aussi être très observateur et perspicace, car un animal ne peut pas dire où il souffre.

Des villes ou des champs ?

Le vétérinaire a un rapport aux animaux très différent selon le lieu où il exerce. En ville, les consultations concernent surtout des chats et des chiens, parfois d'autres petits animaux de compagnie. À la campagne, en plus des animaux domestiques, le vétérinaire s'occupe aussi des animaux des fermes du secteur. C'est un travail plus varié mais plus difficile, qui impose d'aller sur le terrain à toute heure du jour ou de la nuit, par exemple pour aider une vache ou une jument à mettre bas.

Pour commencer

Après avoir obtenu un bac scientifique, l'étudiant doit suivre 2 ans de classes préparatoires. Il peut ensuite passer le concours d'entrée à l'École nationale vétérinaire : seulement 500 candidats sont reçus chaque année, sur plus de 2 000 inscrits ! S'il est admis, l'étudiant suit une formation de base de 4 ans, conduisant au diplôme d'études fondamentales vétérinaires (DEFV), qui lui permet de travailler dans un cabinet sous le contrôle d'un vétérinaire. Enfin, après 1 an d'approfondissement, il obtient le diplôme de docteur vétérinaire.

Assistant vétérinaire

Pour ceux qui ne peuvent pas étudier dans une école vétérinaire, il existe la possibilité de devenir assistant vétérinaire : Auxiliaire spécialité vétérinaire (ASV). Il s'agit d'aider le vétérinaire au quotidien en effectuant toutes sortes de tâches : accueil, secrétariat, soins infirmiers, entretien du matériel... Le GIPSA (Groupement d'intérêt public santé animale) gère cette formation au niveau national, mais il existe des formations privées. On peut aussi apprendre le métier en passant un BTSA (brevet de technicien supérieur agricole).

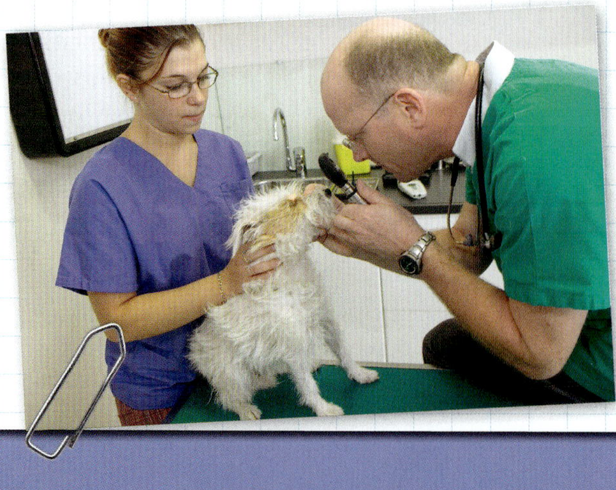

Zoologiste

La science des animaux

Sur le terrain, le zoologiste observe et analyse le comportement des animaux dans leur milieu naturel. Il effectue aussi des recherches en laboratoire, ce qui fait de la zoologie une science à la croisée de nombreuses disciplines : biologie, anatomie, écologie, biogéographie… C'est un métier qui demande une grande rigueur scientifique, le sens de l'observation et de bonnes capacités de synthèse. Comme le sujet est vaste, le zoologiste se spécialise souvent sur un groupe d'animaux ou un thème précis, comme le zooplancton, la biologie de la reproduction, etc.

Peu d'élus

Pour devenir zoologiste, il vaut mieux avoir le goût des études ! Les parcours peuvent varier, mais il faut en général obtenir un 3e cycle universitaire (bac+6 minimum). Les débouchés sont restreints. Un zoologiste peut devenir enseignant, chercheur, conservateur de musée pour un organisme public, ou travailler dans un laboratoire privé pour participer à des programmes de recherche, de prévention ou de sauvegarde.

Photographe animalier

La chasse aux images

Il faut rester à l'affût pendant des heures pour photographier ou filmer les animaux sauvages. Le métier réclame donc beaucoup de patience. Il faut aussi avoir de bonnes bases en zoologie et en géographie pour préparer au mieux ses reportages. Enfin, le photographe animalier passe une grande partie du temps devant l'ordinateur pour sélectionner et référencer les photos, ou faire le montage des prises de vues pour réaliser des documentaires.

Le talent en plus

Peu de photographes animaliers vivent de leur passion, ils ont souvent un autre métier à côté. Pour débuter, on peut envisager une école de photographie, soit dans un lycée professionnel, soit dans une école nationale ou privée. Il est aussi possible d'étudier les sciences de la vie tout en commençant à photographier… Souvent, le photographe confie ses images à une agence qui se charge de les vendre pour lui, dans la presse, l'édition ou la publicité. La concurrence est rude. Seul le talent fait la différence : la capacité à saisir un instant, à raconter une histoire…

Soigneur animalier

Attentif à tout

Ce métier se pratique dans les parcs zoologiques, les élevages, les hôpitaux vétérinaires... Le soigneur, au service des pensionnaires, doit savoir instaurer avec eux une relation de confiance. Il gère les stocks et les commandes d'aliments, nourrit les animaux à heures fixes, nettoie et désinfecte les enclos et les alentours. Il donne aussi des soins d'hygiène et des traitements médicaux, en lien étroit avec le vétérinaire. Comme pour ce dernier, le soigneur travaille souvent en extérieur et ses horaires sont irréguliers, quand il faut par exemple assurer une partie de la nuit dans certains refuges.

Plusieurs filières

Les bacs professionnels Conduite et gestion d'un élevage canin, Technicien conseil vente en animalerie, ou la formation post-bac Auxiliaire spécialisé vétérinaire peuvent permettre de devenir soigneur animalier. Mais la filière la plus courante est le BEPA (brevet d'études professionnelles agricoles) spécialisé animalerie. Pour les zoos d'État, le recrutement se fait ensuite sur concours. Il existe aussi de nombreux débouchés dans le secteur privé, car les soigneurs ont souvent appris le métier dans l'établissement lui-même, sans qu'il soit sanctionné par un diplôme.

Éleveur

Une passion d'abord

La plupart des élevages sont consacrés aux chiens et aux chats, mais il existe aussi des éleveurs de chevaux, d'oiseaux, de reptiles... L'éleveur doit connaître les lois de la génétique pour prévoir un plan d'élevage au plus près des standards de la race. Il doit aussi s'occuper des animaux, les nourrir, les toiletter, les soigner, s'assurer qu'ils sont bien socialisés. Il faut ensuite les emmener dans les salons et leur faire remporter le maximum de prix. C'est un milieu où la concurrence est rude. Dans tous les cas, il faudra au moins 4 ou 5 ans à un élevage pour acquérir une réputation de sérieux.

Certificat obligatoire

En France, est considéré comme éleveur toute personne qui fait naître plus d'une portée de chats ou de chiens de race par an. Plusieurs formalités sont alors obligatoires. Pour les chiens ou les chats, il faut par exemple être déclaré à la direction départementale de la protection des populations et être titulaire d'un certificat d'études techniques de l'animal de compagnie (CETAC). Pour l'obtenir, il faut suivre une formation de 3 jours, qui aborde tous les aspects de l'élevage : la règlementation, la génétique, l'alimentation, l'éducation...

Comportementaliste et éthologue

Des métiers en plein essor

Le comportementaliste travaille avec les animaux (surtout des chiens) et leurs maîtres. On s'adresse à lui en cas de problème. Il doit alors décoder le comportement de l'animal, déterminer la raison qui le pousse à agir de telle ou telle façon. Ensuite, il va aider le maître à rétablir des codes sociaux clairs et compréhensibles pour son animal. L'éthologue, quant à lui, étudie aussi le comportement des animaux, mais de manière plus approfondie, notamment auprès d'animaux sauvages. Ces 2 métiers réclament des compétences dans de nombreux domaines comme la physiologie, l'écologie, la communication...

Deux filières distinctes

En France, il n'existe pas de formation de comportementaliste reconnue par l'État. Le métier peut s'acquérir en apprentissage auprès d'un professionnel confirmé. Il est aussi conseillé de s'adresser aux écoles vétérinaires, dont certaines délivrent un certificat de compétence après une formation de 2 ans. Pour devenir éthologue, le parcours est plus rigoureux : il faut obtenir un master (bac+5), puis rédiger une thèse (bac+8). On peut alors envisager des carrières d'enseignant/chercheur ou de responsable d'une réserve, d'un parc régional...

Toiletteur et hôtelier

Des métiers de service

Le toiletteur est un professionnel de l'entretien et de l'esthétique des animaux de compagnie. Dans son salon, il propose des soins complets avec entretien et coupe du pelage, taille des griffes... Il faut savoir être patient, psychologue et anticiper les demandes des clients. Une autre activité en plein essor est celle d'hôtelier pour animaux de compagnie : il s'agit d'accueillir et de chouchouter les animaux pendant que leurs maîtres sont partis en vacances.

Certificat de capacité

Pour travailler auprès des animaux, il faut avoir un certificat d'aptitude professionnelle agricole « animaux de compagnie » (CAPA) délivré par la préfecture de son département. Il faut aussi se déclarer auprès de la direction départementale de la protection des populations. Il existe des formations privées de toiletteur, mais on peut à partir du niveau de fin de classe de 3e trouver un employeur et signer avec lui un contrat de professionnalisation. Au bout de 2 ans, on obtient un brevet reconnu par l'État, qui n'est toutefois pas nécessaire pour exercer le métier.

Adresses utiles

Musées

Muséum national d'histoire naturelle
Jardin des plantes
36, rue Geoffroy-Saint-Hilaire 75005 Paris
Tél. : 01 40 79 54 79
www.mnhn.fr
Créé en 1793, le Muséum est dédié aux sciences naturelles. Ses galeries présentent des collections sur le monde animal, végétal et minéral. Il est riche de plus de 60 millions de spécimens en tout genre ! Tu peux visiter la Grande galerie de l'évolution (anciennement Galerie de zoologie), qui met en scène la diversité du vivant. De nombreux animaux t'attendent aussi à la ménagerie, située dans le Jardin des plantes. C'est le plus vieux zoo conservé dans son état d'origine. Toutes les grandes villes ont leur muséum d'histoire naturelle. Penses-y !

Lieux où observer des oiseaux sauvages

Parc du Marquenterre
(réserve naturelle de la baie de Somme)
www.parcdumarquenterre.com

Réserve des Sept-Îles
(Côtes-d'Armor)
www.armor-decouverte.fr/7iles.htm

Réserve nationale de Camargue
(Bouches-du-Rhône)
www.reserve-camargue.org

Réserve naturelle du lac de Grand-Lieu
(Loire-Atlantique)
www.grandlieu.fr

Parcs animaliers à thèmes

Les loups du Gévaudan
(Saint-Léger-de-Peyre, Lozère)
Tél. : 04 66 32 09 22
www.loupsdugevaudan.com

Le rocher des aigles (Rocamadour, Lot)
Tél. : 05 65 33 65 45
www.rocherdesaigles.com

La ferme aux crocodiles
(Pierrelatte, Drôme)
Tél. : 04 75 04 33 73
www.lafermeauxcrocodiles.com

Le parc des félins
(Nesles, Seine-et-Marne)
Tél. : 01 64 51 33 33
www.parc-des-felins.com

La réserve de bisons d'Europe
(Sainte-Eulalie-en-Margeride, Lozère)
Tél. : 04 66 31 40 40
www.bisoneurope.com

Zoos et aquariums

ZooParc de Beauval
(Saint-Aignan, Loir-et-Cher)
Tél. : 02 54 75 50 00
www.zoobeauval.com
Avec 4 000 animaux, c'est le plus grand zoo de France.

Zoo de la Palmyre
(Royan, Charente-Maritime)
Tél. : 08 92 68 18 48 (0,34 /min)
www.zoo-palmyre.fr
Un beau zoo qui compte plus de 1 500 animaux, dont la qualité de vie est une préoccupation constante.

Aquarium de La Rochelle
(La Rochelle, Charente-Maritime)
Tél. : 05 46 34 00 00
www.aquarium-larochelle.com
Plus de 12 000 animaux dans 3 millions de litres d'eau de mer attendent ta visite !

Nausicaá
(Boulogne-sur-Mer, Pas-de-Calais)
Tél. : 03 21 30 99 99
www.nausicaa.fr
Ludique et pédagogique, cet aquarium te fera découvrir les liens entre l'homme et la mer.

Animaux domestiques

Chats, chiens et rongeurs
www.wamiz.com

Oiseaux exotiques à bec droit
www.lavolieredesdebutants.net

Oiseaux exotiques à bec crochu
www.perroquet.biz

Poissons
www.aquariophilie.org

Tu as trouvé un chat ou un chien qui porte un tatouage, une médaille signalant qu'il a une puce électronique ? Appelle le Fichier national félin (01 55 01 08 00) ou la Société centrale canine (01 49 37 54 00). Cela permettra à son propriétaire de le retrouver.

Protection des animaux et de la nature

WWF France (World Wide Fund for Nature)
www.wwf.fr
Une ONG qui regroupe plus de 5 millions de donateurs et mène des actions au niveau mondial.

Ligue pour la protection des oiseaux (LPO)
www.lpo.fr
Créée en 1912, elle œuvre pour la sauvegarde des oiseaux et de la biodiversité.

Société protectrice des animaux (SPA)
www.spa.asso.fr
Regroupant plus de 50 refuges, elle lutte pour le respect des droits des animaux, et contre les maltraitances et les trafics.

Fondation 30 millions d'amis
www.30millionsdamis.fr
Une émission télévisée et un magazine relayés par la fondation, qui se bat contre toutes les formes de souffrance animale.

One voice
www.one-voice.fr
Une association qui se bat pour que les animaux d'élevage, domestiques et sauvages aient le même droit au respect que les hommes.

Union française des centres de sauvegarde de la faune sauvage (UFCS)
http://uncs.chez.com
Elle regroupe 41 centres qui recueillent les animaux sauvages blessés ou malades.

Fédération des clubs connaître et protéger la nature (FCPN)
www.fcpn.org
Il existe 300 clubs environ en France qui proposent aux jeunes de découvrir la nature et les animaux, qui organisent des sorties, des activités...

Nos équipes ont vérifié le contenu des sites Internet mentionnés dans cet ouvrage au moment de sa réalisation et ne pourront être tenues pour responsables des changements de contenu intervenant après la parution du livre.

Glossaire

Alevin : jeune poisson.

Allergie : hypersensibilité et réaction excessive du corps à une substance donnée, appelée « allergène ».

Allochtone : qui n'est pas originaire du pays où il vit. Contraire d'autochtone.

Amphibien : animal qui peut vivre dans l'air et dans l'eau, qui a la peau humide et qui pond ses œufs dans l'eau. Par exemple : les grenouilles, les crapauds, les salamandres, les tritons sont des amphibiens. Anciennement, on les désignait sous le nom de « batraciens ».

Apprivoiser : rendre familier un animal sauvage.

Bénévole : personne qui accomplit une action gratuitement, sans demander de salaire en retour.

Biodiversité : diversité naturelle des êtres vivants.

Biotope : lieu ou région dont les conditions de vie (climat, humidité...) déterminent la présence de plantes et d'animaux particuliers.

Braconnage : action de pêcher ou de chasser de manière illégale.

Carnassier : animal qui se nourrit de chair fraîche. Synonyme de carnivore.

Cervidé : ruminant dont le mâle porte des cornes, aussi appelées bois, sur la tête. Le cerf, le chevreuil, l'élan, le daim et le renne sont des cervidés.

Chenil : lieu où l'on élève, et où l'on héberge des chiens de chasse et de race.

Coléoptère : insecte dont les élytres (ailes dures) recouvrent les ailes au repos. Les coccinelles, les hannetons et les scarabées sont des coléoptères.

Déjections : excréments. Pour les excréments solides de certains animaux, on parle aussi de « fèces ».

Dispensaire : lieu où l'on « dispense », où l'on donne des soins médicaux.

Diurne : qui vit le jour.

Domestiquer : faire coexister une espèce avec l'homme pour l'aider dans son travail (cheval, éléphant), pour le nourrir (porc, vache), pour lui apporter de l'affection (chat, chien).

Écologie : science qui étudie les milieux où vivent les êtres vivants, ainsi que les relations de ces êtres entre eux et avec leur milieu.

Espèce : population animale ou végétale dont les individus peuvent se reproduire entre eux, et dont les descendants sont eux-mêmes féconds.

Évolution : modification des espèces au fil du temps, pour s'adapter à leur milieu.

Faune : ensemble des animaux d'un lieu ou d'une région.

Gastéropode : mollusque terrestre ou marin qui possède un pied (une « sole ») de reptation. Certaines espèces possèdent une coquille. Les escargots, les limaces, les patelles, par exemple, sont des gastéropodes.

Génétique : science qui étudie l'hérédité, c'est-à-dire la transmission des caractères par l'intermédiaire des gènes.

Habitat : lieu de vie d'une espèce animale ou végétale.

Hiberner : passer l'hiver en dormant. La marmotte et le loir hibernent. Ne pas confondre avec « hiverner », qui désigne le fait de passer l'hiver à l'abri : les oiseaux migrateurs hivernent dans les pays chauds.

Invertébré : animal qui n'a pas de colonne vertébrale. Les insectes et les arachnides sont, par exemple, des invertébrés.

Mammifère : animal vertébré à sang chaud, qui respire avec des poumons, qui possède des mamelles et nourrit ses petits de son lait.

Meute : groupe de canidés. On parle d'une meute de chiens de chasse ou d'une meute de loups.

Migration : déplacement régulier d'animaux sur une grande distance, qui après un séjour plus ou moins long retournent dans leur région de départ.

Momie : cadavre desséché, désinfecté et embaumé pour éviter sa décomposition.

Naturaliste : qui a un rapport avec les sciences naturelles ; spécialiste de l'étude des sciences naturelles (synonymes : biologiste, zoologiste).

Neurologique : qui a un rapport avec le système nerveux.

Nidifier : construire un nid.

Nocturne : qui vit la nuit.

Nuisible : animal qui provoque des dégâts dans les cultures (pucerons) ou dans les troupeaux (chiens errants).

Pachyderme : mammifère à peau épaisse (du grec *pakhudermos*, « qui a la peau épaisse »). On emploie ce mot pour désigner un éléphant, un rhinocéros ou un hippopotame.

Parasite : animal ou plante vivant aux dépens d'un autre (son « hôte ») sans le détruire. Les puces et les vers intestinaux sont, par exemple, des parasites.

Portée : ensemble des petits auxquels une femelle mammifère donne naissance en une fois.

Prédateur : animal qui chasse et capture des proies pour se nourrir.

Proie : animal chassé et capturé par un autre, pour s'en nourrir.

Prolifique : qui se reproduit rapidement. Les souris, qui peuvent avoir jusqu'à 80 bébés par an, sont très prolifiques.

Race : groupe d'animaux qui possèdent des caractères communs transmissibles à leurs petits. Le caniche est par exemple le nom d'une race de chien.

Semi-liberté : manière d'élever des animaux domestiques, en les laissant jouir de leur liberté mais dans un cadre surveillé par l'homme.

Sevrage : arrêt de l'allaitement maternel pour passer à une nourriture plus solide.

Stérilisation : opération chirurgicale qui supprime la capacité à se reproduire.

Superprédateur : animal adulte qui se trouve au sommet de la chaîne alimentaire et qui n'est la proie d'aucun autre animal. Le lion et le grand requin blanc sont des superprédateurs.

Tanière : abri, souvent souterrain, d'un animal.

Territoire : zone où vit un animal et qu'il considère comme sa propriété, en interdisant l'entrée à ses congénères.

Vivarium : cage en verre fermée dans laquelle on élève un animal (insecte, reptile...) dans son milieu naturel reconstitué.

Index

F

G

H

I

J

K

L

M

N

O

P

Crédits des illustrations et des photographies

Couverture

Illustrations et photographies sont numérotées de haut en bas.

Illustrations de Jean-François Saada (pour le tigre de la p. 131), Loïc Méhée (pour les enfants), Corine Delétraz (1.1, 1.2, 1.3, 1.4, 4g.1, 4g.3, 4g.4, 4g.8).

Photographies d'Alison Wright/National Geographic (1.5), Muséum de La Rochelle (4g.2), Sheila Terry/Science Photo Library/Biosphoto (4g.5), Luis Casiano/Biosphoto (4g.6), Gerard Lacz/Photolibrary (4g.7), David B. Fleetham/Biosphoto (4d.1), L. Peck Michael/Photolibrary (4d.2), Cyril Ruoso/Biosphoto (4d.3).

Photographies

Biosphoto

Luis Casiano: p. 4-5, p. 36 (h); David Santiago Garcia: p. 138-9; Erez Herrnstadt/Still Pictures: p. 13 (m); Jacques Renaud: p. 13 (b); Gil Chamberland: p. 20 (h); Sheila Terry/Science Photo Library: p. 28 (b); Erwan Balança: p. 33 (h) ; Fabrice Cahez: p. 36 (b); Paul-André Coumes: p. 42 (h); Frits Van Daalen/FotoNatura : p. 43 (b); André Simon: p. 44 (h) ; Stephen Dalton/Photoshot: p. 47 (h); Thierry Nicaise : p. 48 (h); Cyril Ruoso : pp. 50-51 ; Michel Gunther : p. 57 (bd) ; David B. Fleetham: p. 61 (b); Pascal Goetgheluck: p. 69 (h); James Gerholdt/Peter Arnold : p. 69 (m); Christophe Courteau: p. 69 (b); Sinclair Stammers/Science Photo Library: p. 71 (h); Claudius Thiriet : p. 77 (hd); Vincent M. et E. Studler: p. 77 (md); Jose Antonio Jimenez Saez/Michel Gunther: p. 79 (b); Philippe Giraud: p. 82 (h) ; Pierre Huguet: p. 82 (bg) ; Christian König: p. 91 (h) ; Sylvain Cordier : p. 91 (md) ; David Aubrey/Science Photo Library : p. 94 ; Erwan Balança : p. 95 (h) ; Michel Gunther : pp. 96 97 ; Skapiou/Green Eye: p. 101 (b); J-L. Klein et M-L. Hubert: p. 102 (h), p. 103 (h); Guy Van Langenhove : p. 103 (b) ; J.-L. Klein et M.-L. Hubert : p. 104 (b), p. 105 (h); Michel Gunther : p. 109 (h); Jean Mayet : p. 110 (h); Stephen Dalton/Photoshot : p. 111 (h); John Cancalosi : p. 112 (h); J.-M. Labat et F. Rouquette : p. 114 (h); Bruno Cavignaux : p. 114 (b) ; Max Gibbs/OSF: p. 115 (hg) ; Teresa Kaufman : p. 116 ; J.-L. Klein et M.-L. Hubert : p. 124 (h), 125 (b) ; Suzi Eszterhas: p. 127 (h) ; Stoelwinder: p. 131 (h) ; Michel Gunther : p. 133 (b) ; Andy Newman/Still Pictures: pp. 134 135 ; Shehzad Noorani/Still Pictures : p. 138 (h) ; Alain Beignet: p. 140 ; Jean Lecomte: p. 141 (m) ; André Simon: p. 143 ; Cyril Ruoso: p. 144 (h) ; Cyril Ruoso : pp. 146 147 ; J.-L. Klein et M.-L. Hubert: p. 148 (h) ; Australian Info Service: p. 151 (b); Gérard Soury : p. 152; Marc Chatain: p. 154 (h) ; Franck et Christine Dziubak: p. 155; J. Duffresne: p. 156 (h) ; J.-L. Klein et M.-L. Hubert: p. 160 (h); J.-F. Hellio et N. Van Ingen : p. 161 (b); Jean-Paul Ferrero: p. 164 (h); Pierre Huguet : p. 167 (h); Jean-Frédéric Ittel: p. 171 (b) ; Bryan et Cherry Alexander/Photoshot: p. 172 (h); François Gohier: p. 173 (b); George Bernard/Science Photo Library: p. 175 (h); Gil Chamberland: p. 176; J.-M. Labat et F. Rouquette: p. 178; Christophe Courteau : p. 179; Suzi Eszterhas: p. 180; Michel Gunther: p. 181.

Gaël Chapo

p. 54 (b).

J.-M. Chauvet

pp. 10-11.

Connaître et protéger la nature

p. 154 (b).

Corbis

Corbis: p. 27 (h), p. 55; Christopher Pillitz/In Pictures : p. 56 (h); Bettmann: p. 56 (b); Rick Friedman: p. 59 ; Marc Garanger: p. 68 (b); Shemetov Maxim/ITAR-TASS Photo/Théâtre Equestre Zingaro: p. 125 (h) ; Keren Su: p. 160 (b); Jacques Langevin/Sygma: p. 166 (b); W. Perry Conway: p. 169 (h); Images.com : p. 174 (b).

Fouille Christophe Maniquet/INRAP

Patrick Ernaux/INRAP: p. 17 (b).

Stéphane Frattini et Stéphanie Ledu

pp. 52-53.

Gamma/Rapho

Alfred Wolf/Hoa-Qui: p. 100 (b); Bettina Brinkmann/Hoa-Qui: p. 108 (h); Peter Adams/Imagestate/Hoa-Qui: p. 168 (h); Eric Chretien/Explorer: p. 170 (h).

Leemage

Photo Josse: p. 18 (h); Costa: p. 29 (b).

Ligue pour la protection des oiseaux

p. 157 (b).

Muséum de La Rochelle

p. 29 (h).

National Geographic

W. Robert Moore: p. 20 (b); Robert I. M. Campbell : p. 57 (bg); Heidi et Hans-Juergen Koch/Minden Pictures : pp. 62-63; Winfried Wisniewski/Foto Natura : p. 64 (h); Sam Abel: p. 93 (b); Alaska Stock Images: p. 126 (h); Joel Sartore: p. 133 (h); James Forte: p. 138 (b); George Grall: p. 142 (b); Alison Wright: p. 166 (h).

Index
Crédits

Nature Picture Library
Nature Picture Library : p. 90 (b), p. 113 (h), 123 (h), p. 127 (b) ; Michael D. Kern : p. 157 (h) ; Niall Benvie : p. 161 (h) ; Pete Oxford : p. 173 (h).

F. Perroux/Zoo de La Palmyre
p. 158 (b).

Photolibrary
Dallas and John Heaton : p. 14 (h) ; The Print Collector : p. 14 (b) ; Barbara Heller : p. 16 (h) ; Sheila Terry : p. 16 (bd) ; Tristan Deschamps : p. 17 (h) ; Bilwisseditioncom : p. 18 (b) ; Targa Targa : p. 19 (b) ; Pete Saloutos : p. 21 (h) ; José Fuste Raga : p. 22 (h) ; John Cancalosi : p. 23 (h) ; Stapleton Historical Collection : p. 23 (b) ; Ken Welsh : p. 24 (h) ; Heinz-Dieter Falkenstein : p. 25 (h) ; The Print Collector : p. 26 (h), p. 27 (h) ; Rudi Von Briel : pp. 30-31 ; David Courtenay : p. 34 (h) ; Imagebroker : p. 35 (b) ; Philip Smith Karen : p. 38 (h) ; Pierre Charriau : p. 39 (b) ; Vicky Kasala : p. 41 (b) ; Martin Siepmann : p. 44 (b) ; David Tipling : p. 45 (h) ; Hugh Clark/FLPA : p. 46 (h) ; Harold Taylor : p. 49 (b) ; Malcolm Schuyl : p. 53 (h) ; Simon Gardner : p. 53 (b) ; Photodisc : p. 54 (h) ; DEA Picture Library : p. 57 (m) ; Christopher Appoldt : p. 58 (h) ; Mary Plage : p. 58 (b) ; Novastock Novastock : p. 60 ; Rodger Jackman : p. 61 (h) ; JTB Photo : p. 64 (b) ; René Mattes : p. 66 ; Norbert Michalke : p. 67 (h) ; Kathie Atkinson : p. 68 (h) ; François Berthillier : p. 70 (b) ; Comstock : p. 72 (h) ; Jeffrey L. Rotman : p. 73 (b) ; Bartomeu Borrell : p. 74 (b) ; Imagebroker rf : p. 75 (h) ; Scott W. Smith : p. 75 (b) ; Nigel Pavitt : p. 76 ; Lynn Stone : p. 77 (mg) ; Isabelle Plasschaert : p. 77 (bg) ; IMA IMA : p. 78 (h) ; David B. Fleetham : p. 78 (bg) ; Wave RF : pp. 80 81 ; Blaise Blaise : p. 83 (h) ; Morales Morales : p. 84 (h) ; David White : p. 86 (h) ; Lite Production : p. 87 (h) ; Alfred et Annaliese Trunk : p. 88 (h) ; Imagebroker rf : p. 89 (hd) ; Werner Layer : p. 90 (h) ; Justus de Cuveland : p. 91 (mg) ; Mike Birkhead : p. 92 (m) ; Juniors Bildarchiv : p. 92 (b) ; Jutta Klee : p. 98 (h) ; Frances Andrijich : p. 98 (b) ; Jacque Denzer Parker : p. 99 (h) ; Michael Krabs : p. 100 (h) ; Chris Briscoe : p. 106 (h) ; Juniors Bildarchiv : p. 107 (b) ; ODiez ODiez : p. 110 (b) ; J-L. Klein et M-L. Hubert : p. 112 (b) ; Kelvin Aitken/Peter Arnold : p. 117 (h) ; MIXA Co. Ltd. : p. 117 (b) ; Tsuneo Nakamura : pp. 118-119 ; Christian Heinrich : p. 120 (h) ; L Peck Michael : p. 120 (b) ; Theo Allofs : p. 121 ; David B Fleetham : p. 122 ; Reynolds Deon : pp. 124 125 ; Daniel Cox : pp. 128 129 ; Jspix jspix ; p. 129 ; Enrique Aguirre : p. 130 ; Erich Kuchling : p. 132 (h) ; Fred Bruemmer : p. 132 (b) ; Bob Bennett : p. 136 (h) ; Ian West : p. 136 (b) ; Morales Morales : p. 137 (h) ; Pierre Huguet : p. 137 (b) ; Alain Dragesco-Joffe : p. 139 (h) ; Bildagentur RM : p. 141 (h) ; Javier Tajuelo : p. 142 (h) ; Daniel J. Cox : p. 145 (h) ; M. Edwards : pp. 148-149 ; Berndt Fischer : p. 149 (h) ; Gerard Lacz : p. 151 (h) ; Konrad Wothe : p. 153 (b) ; Paul Harris : p. 156 (b) ; Nick Green : pp. 158-159 ; David Haring : p. 159 (b) ; Frank Stober : pp. 162-163 ; Kathie Atkinson : p. 164 (b) ; Photolibrary : p. 165 (b) ; Niels van Gijn : p. 169 (b) ; Bernd Römmelt : p. 170 (b) ; Konrad Wothe : p. 171 (h) ; Nature Picture Library : p. 172 (b) ; The Print Collector : p. 175 (b).

Hubert Raguet/Ricarimpex
p. 70 (h).

RMN
Christian Jean : p. 12 (h) ; Franck Raux : p. 15 (h) ; RMN (Domaine de Chantilly)/Harry Bréjat : p. 24 (b).

Éric Tourneret
p. 168 (b).

Illustrations
Loïc Méhée a illustré les activités et les copains.
Corine Delétraz a illustré tous les animaux et les scènes naturalistes.

Malgré tout le soin apporté à cet ouvrage, des erreurs ont pu se glisser dans ses pages. Nous apprécierions que des lecteurs nous en fassent part pour que nous les corrigions avant une prochaine réédition.

À lire aussi chez Milan

- *Les Animaux*, coll. « Copain fiches », de S. Frattini et S. Ledu
- *Animagic* de S. Baussier et *Maximal*, de P. Hédelin, des livres animés
- *Cuir, poil, plume* de P. Terrel
- Dans la coll. « Wapiti » : *Monde sauvage* et *Atlas des animaux*, de J. Johnson, *Quiz animaux*, de C. Benoît et A. Lesterlin, *Wapiti-Mini*
- *Encyclopédie Milan des animaux* d'E. Grundmann
- *Les Migrations animales*, de D. Holing
- *S.O.S. espèces menacées*, coll. « Les Aventuriers de la nature », d'É. Baccega
- *Bébés animaux* et *Au fil des saisons*, de B. Fontanel
- *Le Dico dingo des animaux* d' Y. Rigaud
- Dans la coll. « Anim'ôôô » : *Trop drôles, ces animaux !* de S. Frattini et S. Ledu, *Quels bavards, ces animaux !* de F. Chehu, *Proie ou prédateur ?* de P. Hédelin, *Que ferait-on sans eux ?* de L. Ottenheimer
- *Animaux des mers et des océans*, coll. « Les Encyclopes », de R. Lebloas-Julienne
- « Tout ce que vous avez toujours voulu savoir sur… » *Les Grenouilles & Co*, *Les Requins & Co*.
- Les collections « Carnets d'expédition », « Dossiers du muséum », « Animaux du monde », « Carnets de terrain », « Carnets de nature » et « Mes guides nature »